"十三五"高职院校财经精品系列教材

经济学基础
同步练习与训练

（第二版）

主　编◎吴　伶
副主编◎刘　恒　周　晓　陈　琣

西南财经大学出版社
Southwestern University of Finance & Economics Press

中国·成都

图书在版编目(CIP)数据

经济学基础同步练习与训练/吴伶主编. —2 版. —成都:西南财经大学出版社,2018.6

ISBN 978 – 7 – 5504 – 3611 – 4

Ⅰ.①经… Ⅱ.①吴… Ⅲ.①经济学—高等职业教育—习题集

Ⅳ.①F0 – 44

中国版本图书馆 CIP 数据核字(2018)第 161399 号

经济学基础同步练习与训练(第二版)

主　编:吴伶

副主编:刘恒　周晓　陈琸

责任编辑:李晓嵩

助理编辑:王琳

责任校对:田园

封面设计:何东琳设计工作室

责任印制:朱曼丽

出版发行	西南财经大学出版社(四川省成都市光华村街 55 号)
网　　址	http://www.bookcj.com
电子邮件	bookcj@ foxmail.com
邮政编码	610074
电　　话	028 – 87353785　87352368
照　　排	四川胜翔数码印务设计有限公司
印　　刷	郫县犀浦印刷厂
成品尺寸	185mm×260mm
印　　张	9
字　　数	212 千字
版　　次	2018 年 8 月第 2 版
印　　次	2018 年 8 月第 1 次印刷
印　　数	1—2000 册
书　　号	ISBN 978 – 7 – 5504 – 3611 – 4
定　　价	21.80 元

《经济学基础同步练习与训练》

主　审

　　吴开超　西南财经大学　教授

主　编

　　吴　伶　四川财经职业学院

副主编

　　刘　恒　西南财经大学

　　周　晓　四川国际标榜职业学院

　　陈　璋　广东技术师范学院天河学院

参　编

　　杨　晶　四川财经职业学院　教研室主任

　　张正芳　四川财经职业学院　副教授

　　董　文　四川财经职业学院

　　陈　雪　西南石油大学

　　余珉露　四川音乐学院

　　刘伟娜　中州大学

　　肖　瑜　成都银行董事会办公室

前　言

为全面贯彻习近平新时代中国特色社会主义思想和党的十九大精神，落实《教育部 2018 年工作要点》《职业教育与继续教育 2018 年工作要点》，进一步推进《高等职业教育创新发展行动计划（2015-2018 年）》落好落细，推进高等职业教育高质量发展，完善职业教育和培训体系，深化产教融合、校企合作。2018 年高等职业教育创新发展行动计划工作会在京召开。工作会上强调："改革开放 40 年是我国职业教育从曾经的筚路蓝缕到内涵式发展、与经济建设和社会发展同频共振的 40 年。特别是党的十八大以来，以习近平同志为核心的党中央把职业教育摆在突出位置。习近平总书记对职业教育做出一系列重要指示和批示，明确了"高度重视、加快发展"的要求，科学回答了职业教育怎么看、谁来办、怎么办、为谁办等一系列重大问题，为职业教育创新发展指明了方向。李克强总理多次对办好职业教育做出重要批示，指出加快发展现代职业教育，对于发挥我国人力和人才资源巨大优势、提升实体经济综合竞争力具有重要意义。在党和政府高度重视下，我国职业教育和继续教育快速发展、不断壮大，实现了新跨越，站上了新起点。"

对于高等职业教育来讲，教材建设历来是高职院校基本建设任务之一。高质量的教材是实施专业教学方案最主要的媒体，是培养高质量的职业人才的基本保证，更是实现高等职业教育培养目标的重要手段。大力发展高等职业教育，培养和造就适应社会生产、建设、管理、服务和技术一线的高技术、应用型人才，需要我们高度重视高等职业教育的教材改革和建设，编写和出版体现高等职业教育特色的优秀教材。

经济学基础课程是财经类高职高专院校的公共必修课，也是教育部规定的经济和管理类各专业的十门核心课程之一。

本书作为《经济学基础》的配套练习册，针对西方经济学理论中的要点、重点和难点出题，旨在为这门课程的学习和把握提供一些参考。经济学虽然是一门理论课程，但是与现实生活息息相关，生活中存在大量的经济现象，通过对现实案例的分析，有助于学生深化理解。因此本书在习题后面附上了相关的一些阅读材料。

本书由吴伶主编，刘恒、周晓、陈璋任副主编。本书第二章、第十章、第十一章、第十二章由董文、王玲、吴伟、皮天雷编写；第三章、第五章、第六章、第七章、第十三章由杨晶、刘伟娜、陈雪、余

1

前　言

珉露编写；综合练习一由张正芳、肖瑜编写；其余部分由吴伶、周晓、陈璋编写。

　　由于编者水平所限，编写过程中难免存在疏漏，敬请广大读者批评指正！

编者

2018 年 5 月

目 录

第一章
经济学的研究对象和基本问题

一、名词解释

1. 稀缺性

2. 生产可能性边界

3. 微观经济学与宏观经济学

4. 理性人

5. 实证分析与规范分析

6. 机会成本

7. 沉没成本

8. 边际分析

二、单项选择题（每一小题只有一个正确选项，填写在对应横线上。）

1. 从根本上来说，经济学研究关于_____的问题。
   A. 赚钱　　　　　　　　　　　　B. 省钱
   C. 稀缺资源的配置　　　　　　　D. 收支平衡

2. 理性人是指_____。
   A. 足够聪明的人　　　　　　　　B. 总是能够做出正确决策的人
   C. 按照最有利原则决策的人　　　D. 精神正常、不疯狂的人

3. 下列问题中属于微观经济学的研究范畴的是_____。
   A. 提高香烟税对其销量的影响　　B. 中国未来五年的经济增长趋势
   C. 2020 年失业率将会上升还是下降　D. 通货膨胀率上升的原因

4. 当人们面临选择时，决策的依据主要是_____。
   A. 沉没成本　　　　　　　　　　B. 教科书上的理论
   C. 机会成本　　　　　　　　　　D. 专家的意见

5. "天下没有免费的午餐"主要说明了_____。
   A. 只有钱才能解决问题　　　　　B. 机会成本始终存在
   C. 人们之间越来越自私、冷漠　　D. 需要建立社会保障制度

6. 经济物品是指_____。
   A. 能够赚钱的物品　　　　　　　B. 稀缺的物品
   C. 有用的物品　　　　　　　　　D. 有用且稀缺的物品

7. 一块土地可以有三种用途：种小麦、种棉花、建足球场，其每年的收益分别对应为 8 000 元、10 000 元和 15 000 元，那么用来种棉花的机会成本是_____。
   A. 8 000 元　　　　B. 15 000 元　　　　C. 23 000 元　　　　D. 以上都不对

8. 下列行为中，会导致机会成本是_____。
   A. 上经济学课　　　　　　　　　B. 看电影
   C. 吃饭　　　　　　　　　　　　D. 列出的所有选项

9. 如果多生产 1 单位产品能够多带来 1 元的收益，那么企业就应该持续生产，这说明经济决策中重视_____的道理。
   A. 金钱收益　　　B. 边际分析　　　C. 理性分析　　　D. 市场调查

10. 计划经济的特点是_____。
   A. 中央政府的领导　　　　　　　B. 政府直接干预经济主体和市场结果
   C. 以市场为主导的竞争　　　　　D. 高效率的资源配置

三、多项选择题（每一小题都有至少两个正确选项，把正确选项填写在对应横线上。）

1. 经济学是研究_____的一门学科。
   A. 如何购买股票、债券进行投资　　B. 人们如何选择商品
   C. 如何分配产品　　　　　　　　　D. 社会如何进行稀缺资源的配置

2. 李武应邀参加同事的婚礼，下面项目中，应当包含在他的机会成本中的有_____。

A. 礼金 200 元   B. 两周前花 20 元理发

C. 请假一天损失工资 50 元 D. 放弃看一场最新上映的电影

3. 下列问题属于实证分析的项目包括_____。

A. 金融危机下，应当取消最低工资标准

B. 中国出口量减少的原因分析

C. 美国采取贸易保护措施的影响

D. 政府应该提高个人所得税起征点

4. 最低工资不利于青少年就业，这个问题属于_____范畴。

A. 实证分析 B. 规范分析 C. 微观经济学 D. 宏观经济学

5. 机会成本的概念_____。

A. 通过比较不同选择方案来决策 B. 只能用货币来衡量

C. 表明选择的必不可少的代价 D. 通常只在经济学专业使用

四、简答题

1. 如果人弯腰从地上拾起一张钞票需要花 1 秒钟，那么比尔·盖茨会不会弯腰拾起地上的 50 美元？为什么？

2. 如果你认为看一场电影能够带来价值 30 元钱的收益，于是花 20 元买了一张电影票。不幸的是，在进场之前发现电影票丢了，你应当掉头回家还是另买一张电影票？为什么？

3. 在淡季，航空公司机票折扣低至两三折，甚至卖票所得不够抵扣平均成本，却仍然坚持经营，这是为什么？

4. 计算一下你上大学的机会成本。

5. 假如你是公园管理部门的工作人员，正在考虑怎样使一片草坪避免被人践踏，可能的方案有：①在草坪一角立一块警示牌，上书"禁止践踏草坪，违者罚款 50 元"；②在草坪周围竖立铁栏杆；③在草坪内对角线位置铺一条鹅卵石小路。你认为哪种方案比较可行？为什么？

五、案例分析

若研究生招生考试科目为高等教学、外语和专业课三门，录取工作将这样进行：在每门课程均及格（60 分）的考生中，按总分排列，择优录取。李明已经报考研究生考试，尚有 10 周复习时间，表 1.1 为他的每课复习时间及相应的预计考分。

问：他应如何合理安排 10 周复习时间？他可望得到的最高总分是多少？

表 1.1　　　　　　　　　　每课复习时间及相应的预计考分

复习周数	0	1	2	3	4	5	6	7	8
专业课	50	70	85	90	93	95	96	96	96
高等数学	20	40	55	65	72	77	80	82	83
外语	30	45	53	58	62	65	68	70	72

第二章
市场供求与均衡价格

一、名词解释

1. 需求规律

2. 供给规律

3. 替代效应

4. 收入效应

5. 替代品

6. 互补品

7. 吉芬商品

8. 限制价格

9. 支持价格

10. 需求价格弹性

二、单项选择题（每一小题只有一个正确选项，填写在对应横线上。）

1. 需求曲线向右下方倾斜，表示当一种商品价格_____时，它的需求量_____。
    A. 上升，不变   B. 上升，减少   C. 上升，增加   D. 下降，减少

2. 如果一种物品的需求量对价格变化的反应大，可以说这种物品的需求是富有弹性的。以下哪一选项中的产品需求是富有弹性的？_____
    A. 短短一个星期，每个茶叶蛋的价格从5角涨到1元，可我早晨还是要吃两个。
    B. 鲜牛奶价格上涨了5%，我就买没有涨价的纯牛奶。
    C. 挂普通医生的号每个3元，挂教授专家的号每个12元，可总是教授专家的号先被挂完。
    D. 油价上涨了30%，可我的同事们还是照常开车上下班和出游。

3. 其他条件不变，苹果的价格下降将导致苹果的_____。
    A. 需求下降   B. 需求增加   C. 需求量下降   D. 需求量增加

4. 下列因素除_____以外都会使需求曲线移动。
    A. 购买者（消费者）收入变化   B. 商品价格变化
    C. 其他有关商品价格变化   D. 消费者偏好变化

5. 若某商品价格上升2%，其需求量下降10%，则该商品的需求_____。
    A. 缺乏弹性   B. 富有弹性   C. 具有单元弹性   D. 完全无弹性

6. 假设某商品的需求价格弹性系数为0.5，那么，当它的价格变动5%时，需求量变动为_____。
    A. 0.5%   B. 2.5%   C. 4.5%   D. 5.5%

7. "谷贱伤农"是因为粮食这种商品的需求价格弹性是_____。
    A. 缺乏弹性   B. 富有弹性   C. 单位弹性   D. 零弹性

8. 已知某种商品的需求是缺乏弹性的。假定其他条件不变，卖者要想获得更多的收益，应该_____。
    A. 适当降低价格   B. 适当提高价格   C. 保持价格不变   D. 不能确定

9. 下列商品中，可以采用"薄利多销"的方法，通过降价来增加总收益的商品是_____。
    A. 化妆品   B. 面粉   C. 药品   D. 食盐

10. 当咖啡的价格急剧上升时，对替代品茶叶的需求将_____。
    A. 减少   B. 保持不变   C. 增加   D. 不能确定

11. 若某商品的价格从3元降到2元，需求量从8个单位增加到10个单位，这时卖者的总收益将_____。
    A. 增加   B. 保持不变   C. 减少   D. 不能确定

12. 市场上某产品存在是因为_____。
    A. 该产品供不应求   B. 该产品供大于求
    C. 该产品的价格高于均衡价格   D. 该产品的价格低于均衡价格

13. 在＿＿＿＿情况下，均衡价格将只会上升。

　　A. 需求和供给都增加　　　　　　　B. 需求和供给都减少

　　C. 需求增加，供给减少　　　　　　D. 需求减少，供给增加

14. 政府为了扶持农业，对农产品规定了高于其均衡价格的支持价格。政府为了维持支持价格，应该采取的相应措施是＿＿＿＿。

　　A. 增加对农产品的税收　　　　　　B. 实行农产品配给制

　　C. 收购多余的农产品　　　　　　　D. 对农产品生产者予以补贴

15. 政府把价格限制在均衡价格以下可能导致＿＿＿＿。

　　A. 黑市交易

　　B. 大量积压

　　C. 买者按低价买到了希望购买的商品数量

　　D. A 和 C

三、多项选择题（每一小题都有至少两个正确选项，把正确选项填写在对应横线上。）

1. 在某一时期内智能手机的需求曲线向右平移的原因可以是＿＿＿＿。

　　A. 智能手机的价格上升

　　B. 消费者对智能手机的预期价格上升

　　C. 消费者对智能手机的预期价格下降

　　D. 消费者的收入水平提高

2. 以下＿＿＿＿会影响你对牛奶的需求。

　　A. 三鹿奶粉事件

　　B. 每天早上你或者喝牛奶或者喝豆浆，但是今天早上豆浆涨价了

　　C. 公司给你加薪了

　　D. 你开始相信喝牛奶有利于健康

3. 在支出为 2 000 元的情况下，能作为需求的是＿＿＿＿。

　　A. 购买价格为 500 的衣服一件

　　B. 购买价格为 5 万元的小汽车一辆

　　C. 购买价格为 2 500 元左右的彩电一台

　　D. 购买价格为 800 元的化妆品一套

4. 假设用于生产鞋的皮革价格上涨，结果会导致＿＿＿＿。

　　A. 鞋的供给增加　　　　　　　　　B. 鞋的供给减少

　　C. 鞋的供给曲线向左平移　　　　　D. 鞋的供给曲线向右平移

5. 2009 年夏季，市场上猪肉价格下降，其原因可能是＿＿＿＿。

　　A. 夏季人们不那么爱吃肉

　　B. "甲型 H_1N_1 流感"爆发，人们害怕吃猪肉

　　C. 猪肉供给增加了

　　D. 牛肉涨价了

四、计算题

1. 已知某一时期内某商品的需求函数为 $Q_d = 50-5P$，供给函数为 $Q_s = -10+5P$。

（1）求均衡价格 P_e 和均衡数量 Q_e。

（2）假定供给函数不变，由于消费者收入水平提高，使需求函数变为 $Q_d = 60-5P$。求出相应的均衡价格 P_e 和均衡产量 Q_e。

（3）假定需求函数不变，由于生产技术水平提高，使供给函数变为 $Q_s = -5+5P$。求出相应的均衡价格 P_e 和均衡产量 Q_e。

2. 假定表 2.2 是需求函数 $Q_d = 500-100P$ 在一定价格范围内的需求表：

表 2.2　　　　　　　　　　　　　　需求量情况

价格（元）	1	2	3	4	5
需求量	400	300	200	100	0

根据给出的需求函数，求 $P_1 = 2$、$P_2 = 4$ 时的需求的价格点弹性。

3. 假设汽油的需求价格弹性为 0.2，其价格为每加仑 1.2 美元，试求汽油价格上涨多少会使得消费量减少 10%？

五、简答题

1. 分析下列因素的变化对自行车需求曲线的影响：

（1）居民收入增加；

（2）共享单车随处可见，且不需要缴纳押金；

（3）有的城市禁止电瓶车，更多的人只能选择自行车代步；

（4）消费者对自行车的预期价格下降；

（5）人们越来越喜欢骑自行车出行。

2. 有人说气候不好对农民不利，因为农业要歉收。但也有人说，气候不好对农民有利，因为农业歉收以后谷物涨价，收入会增加。对这两种议论你有何评价？

3. 随着国际原油市场价格的不断攀升，轿车的需求会有何变化？如果城市大力发展公共交通，并降低公交车、地铁的票价，轿车的需求又会有何变化？

六、案例分析

战国时代，有位商人名叫白圭。白圭的经营方法与众不同，总是逆势而行。有一次，别的商人都在一窝蜂地抛售棉花，拼命地大减价。白圭却拼命地买进棉花，甚至花钱租地方存放棉花。卖完棉花，别的商人都抢着购进皮毛，白圭却打开仓库，把库存的皮毛一下子卖得精光。没有几天，有消息说今年棉花严重歉收，商人们心急火燎地到处寻找棉花。白圭高价卖出全部库存棉花，发了一笔大财。又过了一段时间，由于某种原因，满街的皮毛突然卖不出去了，价格降得越来越低，其他商人后悔不迭、血本无归。司马迁在《史记》中记载了白圭的事迹，赞扬了白圭"人弃我取，人取我予"的经营手段。

请用本章的供求理论分析以上材料中白圭成功的原因。

七、阅读材料

"金融风暴伤及甘肃果农"调查

——秦安："榨汁苹果"跌至深渊

秦安万吨果汁厂门前等待交果的车辆排起了长龙。去年一斤能卖到7毛钱的榨汁用苹果今年跌至1毛多，这不禁让秦安县一些果农心急如焚。近日，随着果子收购接近尾声，面对越来越低的收购价，部分果农再也沉不住气了，他们只有不问价钱见钱就卖。11月3日，记者在秦安县一些村庄采访时了解到，当天榨汁用苹果的价钱已跌至每斤几分钱。

果农反映：苹果1毛钱没人要

11月3日，秦安县兴国镇小湾村村民赵某说，村里近15吨榨汁用苹果1毛钱都没人要，守着一堆堆的苹果，好多村民都慌了。接到反映后，记者来到小湾村采访。村民赵某一脸无奈地说："与去年相比，今年这些榨汁果的价格低得真是破纪录了。去年像这样的'60果''65果'咋都要卖七八毛钱，今年苹果是丰收了，可1斤1毛钱都卖不掉。一算账，卖果子的钱连基本的人力费都不够，因此干脆把果子堆在地里，不往回收了。"安伏乡安伏村村民李宗芳说，他今年收了2500多千克富士苹果，除其中一些商品果以低于去年的收购价卖掉外，大部分榨汁果全部被果贩以每斤1毛钱的价格收走了，所有的收入不足3000元。

中午12时许，魏店乡候坪村的盛喜红正好载着一车残次果到达安伏乡，他指着车上用网袋装着的苹果对记者说："去年，这样的苹果一斤都能卖到7至8毛钱，村民们当时那种高兴劲真是无法形容。哪知道今年残次果价竟跌得让人难以承受。这一车果子卖掉还不够我来回跑一趟的油钱和饭钱！"

果贩算账：5分钱收苹果都亏本

采访当天上午11时许，记者来到安伏乡安伏村时发现，在距离秦安万吨果汁厂近一里地的公路边上，停满了前来交果子的大型货车。在路边打扑克的4名司机师傅在接受记者采访时说："我们都来了3天了，由于前面压的车太多，我们只有在此等候。"一名苹果贩子谈起他这笔生意，连声说："亏了，5分钱收的货在这也是个亏。"据他讲，从商品果卖完后，他今年已转手倒卖了5000余吨榨汁果了。8月份时，他刚开始贩的货进果汁厂时，该厂收购价每吨450元，即每斤0.22元。由于货源少，果汁厂收购价慢慢提升至每吨610元。

进入10月份后，几乎几天一个价，最终递减至现在每吨280元。他说："以现在每吨280元算，1千克收购价就是0.28元。而我们拉来的每50千克苹果进厂后，厂子里都是以40千克计，其原因是厂子要折扣掉果渣和坏果的斤数10千克，还有网袋钱。这些都剔除后每斤苹果的价钱就减至9分钱了。不瞒你说，我这车苹果是5分钱从果农手里收来的，可就是这个价钱，这生意还是亏了，因为这一车1300元的运费还得给司机师傅付啊！"

果汁厂："金融风暴"影响果汁价大跌

到底是什么原因让今年榨汁苹果的价钱跌至触目惊心的地步，采访完果农、果贩后，记者前往秦安万吨果汁厂进行了采访。该厂综合管理科科长马小龙在接受记者采访时说，该果汁厂属惠农项目，是今年8月16日开业的。该厂属出口型企业，整个果汁面向欧美市场销售。受今年欧美市场"金融风暴"影响，果汁整个消费群体发生了根本性的变化。去年果汁的销售价是每吨1500美元左右，而今年已跌至800美元。由于出口量有限，厂子现在生产的果汁有了积压现象。即使如此，果汁厂目前仍然以每天1100吨的消费量在收购果子，想以此尽可能地减少果农的损失。

根据上述材料，思考下列问题：

1. "金融风暴"如何影响到了苹果的价格？

2. 有什么办法可以帮助果农渡过难关？

3. 从这一事件中，可以总结出什么样的经验教训？

第三章
消费者行为理论

一、名词解释

1. 效用

2. 边际效用（MU）

3. 总效用（TU）

4. 边际效用递减规律

5. 无差异曲线

6. 预算约束线

7. 边际替代率递减规律

8. 基数效用论的消费者均衡条件

9. 序数效用论的消费者均衡条件

二、单项选择题（每一小题只有一个正确选项，填写在对应横线上。）

1. 序数效用论和基数效用论的根本区别在于，序数效用论认为效用是_____。
   A. 可以加总的　　B. 可以计量的　　C. 不能确定的　　D. 可以排序的

2. 效用是商品能为消费者带来的满足程度，它是_____。
   A. 主观的　　　　　　　　　　　　B. 客观的
   C. 主观和客观的统一　　　　　　　D. 既非主观，也非客观

3. 以下_____项指的是边际效用。
   A. 小李吃了第二个面包，满足程度从 10 个效用单位增加到了 15 个单位，增加了 5 个效用单位
   B. 小李吃了两个面包，共获得满足 15 个效用单位
   C. 小李吃了四个面包后再不想吃了
   D. 小李吃了两个面包，平均每个面包带给张某的满足程度为 7.5 个效用单位

4. 当边际效用_____时，总效用曲线达到顶点。
   A. 最大　　　　B. 最小　　　　C. 等于零　　　　D. 不能确定

5. 边际效用随消费量的增加而_____。
   A. 递减　　　　B. 递增　　　　C. 按相同方向变动　　D. 保持不变

6. 已知 x 商品的价格为 10 元，y 商品的价格为 4 元，如果消费者从这两种商品的消费中得到最大效用时，商品 y 的边际效用为 60，那么此时 x 商品的边际效用为_____。
   A. 60　　　　　　B. 300　　　　　　C. 150　　　　　　D. 75

7. 消费者均衡的条件是_____。
   A. $MUx/Px = MUy/Py$　　　　　　B. $Px/Py = MUy/MUx$
   C. $Px \cdot X = Py \cdot Y$　　　　　　D. 以上三者都不是

8. 假如消费者消费的几种商品的价格都相同，消费者为了实现效用最大化目标，他应该_____。
   A. 购买相同数量的这几种商品
   B. 购买这几种商品并使其总效用相等
   C. 购买这几种商品并使其边际效用相等
   D. 购买一种商品

9. 如果消费者的收入为 500 元，商品 x 和 y 的价格分别为 10 元和 20 元，消费者打算购买 25 单位 x 和 10 单位 y，商品 x、y 的边际效用分别为 30 和 25。那么，要达到效用最大化，他应该_____。
   A. 按原计划购买　　　　　　B. 减少 x 和 y 的购买量
   C. 增加 x、y 的购买量　　　　D. 增加 x 的同时减少 y 的量

10. 随着工资的增加，劳动者愿意工作的时间是_____。
    A. 一直增加的　　　　　　　B. 一直减少的
    C. 先增加再减少　　　　　　C. 先减少后增加

11. 消费者剩余是_____。
    A. 消费者获得的总效用

B. 消费者消费不了的商品

C. 消费者获得的总效用与支付货币的总效用之差

D. 消费者的货币剩余

12. 无差异曲线上任意一点表示两种商品的边际替代率与它们的_____无关。

    A. 价格之比   B. 边际效用之比   C. 数量之比   D. 边际成本之比

13. 无差异曲线的两条坐标轴分别表示_____。

    A. 两种消费品的数量   B. 消费品和价格

    C. 两种生产要素   D. 生产要素及其产出

14. 如果无差异曲线上某一点的斜率为 $-\dfrac{1}{6}$，这意味着消费者在该点愿意放弃_____单位 x 而获得一单位 y。

    A. 3   B. 1   C. 1/6   D. 6

15. 无差异曲线的斜率被称为_____。

    A. 边际替代率   B. 边际技术替代率

    C. 边际成本率   D. 边际效用率

16. 若消费者低于他的预算线消费，则消费者_____。

    A. 没有完全用完预算支出   B. 用完了全部预算支出

    C. 或许用完了全部预算支出   D. 达到了均衡状态

17. 小李消费苹果和梨两种水果，如果现在他的收入翻了一番，苹果和梨的价格也翻了一番，此时，他面对的预算线会_____。

    A. 保持不变   B. 向外移动，但斜率不变

    C. 向外移动，但变陡峭了   D. 向外移动，但更平坦了

18. 预算线的位置和斜率取决于_____。

    A. 消费者的收入   B. 消费者的收入和商品价格

    C. 消费者的偏好   D. 消费者的偏好、收入和商品价格

19. 预算线向右上方平移的原因可能是_____。

    A. 商品 x 的价格下降了   B. 消费者的收入下降了

    C. 商品 y 的价格下降了   D. 商品 x 和 y 的价格按同一比率下降了

20. 小李消费苹果和梨，用坐标轴横轴表示苹果的数量，用纵轴表示梨的数量，现在小李收入不变，但梨的价格下降了，那么此时，小李面对的预算线会_____。

    A. 保持不变   B. 变得更平坦

    C. 变得更陡峭   D. 向外平移

三、多项选择题（每一小题都有至少两个正确选项，把正确选项填写在对应横线上。）

1. 总效用曲线呈现为抛物线的形状，当其达到顶点时_____。

    A. 边际效用与横轴相交   B. 边际效用为负

    C. 边际效用为零   D. 边际效用为正

2. 下列关于无差异曲线特征的描述正确的是_____。

    A. 在同一个平面上可以有无数条无差异曲线

B. 无差异曲线上的点，斜率相同

C. 无差异曲线上的点，斜率为负

D. 在同一平面上，任意两条无差异曲线不能相交

3. 无差异曲线上任一点的边际替代率等于这两种商品的_____。

A. 价格之比 　　　　　　　　　　B. 数量之比

C. 边际效用之比 　　　　　　　　C. 无差异曲线上任一点切线的斜率

4. 边际效用递减的原因可能是_____。

A. 消费者生理上的原因 　　　　　B. 消费者心理上的原因

C. 商品本身用途的多样性 　　　　C. 商品价格变动的原因

5. 消费者剩余是_____。

A. 愿意支付的价格与实际支付的价格的差额

B. 随着消费同一种商品数量的增加，额外增加的消费者剩余越来越少

C. 只是消费者的一种主观心理感觉

D. 需求曲线以下，价格以上的阴影面积

四、计算题

1. 如果小李的收入为 55 元，全部用于购买苹果和柚子两种水果，苹果每千克 5 元，柚子每千克 10 元。这两种商品对小李的边际效用值如表 3.1 所示，问小李要实现效用最大化，需要购买的苹果和柚子各是多少？

表 3.1 　　　　　　　　　　　　　　　边际效用值

消费量	消费苹果的边际效用	消费柚子的边际效用
1	25	40
2	23	35
3	20	30
4	18	25
5	15	10
6	10	15

2. 某消费者消费 X 和 Y 两种商品，在图 3.1 所示的预算线和无差异曲线的情况下实现了消费者均衡，E 为均衡点。同时已知 X 商品的价格 $P_x = 4$ 元。请计算：

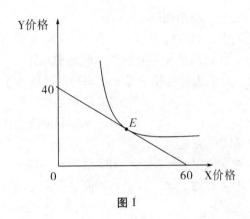

图1

（1）该消费者用于购买这两种商品的总预算为多少？

（2）写出预算线方程。

（3）求 E 点的 MRS_{xy}。

3. 小李对苹果的需求函数为 $Q_d = 10 - 2P$，当市场价格 $P = 2$ 元时，求出小李从消费中所获得的消费者剩余。

五、简答题

1. 没有什么比水更有用，然而水很少能交换到任何东西，相反，钻石几乎没有任何使用价值，但却经常可以交换到大量的其他商品。——亚当·斯密
请用本章的理论解释这一现象的原因。

2. 基数效用论和序数效用论各自是怎样解释消费者均衡的?

六、案例分析

材料一：近年来，随着居民收入水平的提高，个人所得税起征点的调整开始成为人们关注的热点。1993 年个税起征点为 800 元，到现在已经提高到 5 000 元了，个人所得税是国家调节居民收入和实现社会公平的重要手段。实行超额累进税率的个人所得税意味着收入越高，纳税越多，所以是有效的调节贫富差距的手段。

材料二：在著名的拉斯维加斯赌场中，可以看到一派奢华的景象——高档奢侈名品聚集于此，各位游客在此挥金如土，丝毫不吝啬。但是另外一幅景象是另一些人输得一身精光，更甚者家破人亡。赌博就是一场金钱的游戏，在这场游戏中失败者的泪要远多于胜利者的笑。

通过上面两段材料的阅读，试分析，货币是否符合边际效用递减的规律？

七、阅读材料

垃圾中的边际效用

多年来美国人均国民总产值居世界前七位之内（这个顺序经常有些小变动，主要由于汇率变化所引起），人均电视机拥有量也居第二，人均能源消耗量及电话机拥有量为世界第三，婴儿死亡率和人均报纸发行量都列第十七位。与此同时，它的人均垃圾量是世界冠军，没有任何国家能够望其项背。从 1960 年以来的 25 年中，美国人均生活垃圾的排弃量增加了 50%，达到每人每天 4 磅（1.8 千克）。一个 100 万人口的城市每天要处理垃圾近 2 000 吨。从垃圾量的变化、垃圾的构成及其处理方法，可以看到不少有趣的现象。

人均垃圾量的增加是生活越加富裕的结果。人们扔掉的旧报纸和旧杂志增多了，占到了垃圾总量的约1/5。日常生活消耗的各种物品，如洗涤剂、食品、化妆品、饮料等的包装越来越讲究，而这些包装最后都进了垃圾桶。25年前包装多半用纸，现在则更多地使用玻璃、塑料、铝和其他金属。所以垃圾中铝的重量从不到1%增加到15%，玻璃从1.4%增加到5%，其他金属从0.5%增加到4%。这表明不但垃圾的数量在增加，其构成也有很大变化。由于人们对环境的关心，资源性产品价格的上涨，再加垃圾处理技术的进步，现在垃圾的利用率比25年前提高了将近1倍，大约有1/10的垃圾得到再生利用。

美国的垃圾不但包含各种废弃物，也包含旧了的家具、地毯、衣服、鞋子、炊具，乃至电视机和冰箱。美国是一个提倡消费的社会，它的生产力巨大，产品积压常常成为主要的经济问题。如果每个人将自己生产出来的产品（更精确地讲，是生产出的价值）全部消费掉，经济则正常运转。如果生产旺盛，消费不足，或者说，居民由于富裕而增加了储蓄，产品就会积压。但如果有人愿意借用大家的储蓄，进行扩大再生产的投资，整个经济仍然运转正常。可是扩大生产的最终目的还在于消费，如果多数百姓只愿多储蓄而不愿多消费，投资也受到抑制。所以对于美国来说，医治经济萧条的主要措施是鼓励消费，至少这个理论在过去非常流行，而且至今仍有很大市场。从宏观上看，鼓励消费使得储蓄率（即储蓄占国民生产总值的百分比）低到15%（1990年中国、日本分别为43%、34%）。从微观即每个家庭的消费看，其结果是使人们异常地喜新厌旧，动辄弃旧买新，所以淘汰的日用品非常多。

旧东西有几条出路：或举办"后院拍卖"，或捐赠给教堂，或捐赠给旧货商店，或当垃圾扔掉。在北部几个州，每到春暖花开时就可以看到各处贴有"后院拍卖"的广告，标明某月某日几点开始在某处举行拍卖；而拍卖生意在南部各州一年四季都很兴隆。向教堂和旧货商店捐赠则经常由于以下两种情况，一是老人亡故，除了首饰、古董值钱的东西分给了亲友，其余的从家具到衣物一股脑儿送给教堂处理。还有是举家远迁，能卖的卖，大多数卖不掉，就送到教堂或旧货店。教堂经常拍卖人们捐来的成吨的衣服和用具。

旧东西在美国很不值钱。笔者曾在后院拍卖中买到1美元的电熨斗，在教堂拍卖中买到10美元一套的百科全书（20本）和5美元一套的西装等。举办后院拍卖的人，一天忙下来也不过卖得五六十美元，也许还不及他一天的工资。可见他们卖东西并不在乎赚多赚少，其目的不仅在于处理多余的东西，而且使得物尽其用。否则单纯为了处理东西，尽可以一扔了之。教堂拍卖所得的收入大概也只能抵消举办拍卖的开销。

相反，旧东西在中国就值钱得多了。在北京经常有人收购旧鞋子，每双几角到1元。小贩将旧鞋运到北方穷僻的农村，入冬时每双鞋可以卖到两三块钱。表面上看这是一个矛盾现象：相对穷的中国人却愿意花几倍于相对富的美国人愿意出的价钱，去买这些旧东西。但这个现象却可以用经济学中的效用理论来解释，即商品的价值与它能提供的效用（或使用价值）成正比。冬天，在北方能穿上一双哪怕是破的鞋子，也比光着脚受冻舒服得多，所以愿意拿钱去买旧鞋。这证明价格与效用成正比。严格地说，应该是与边际效用成正比。边际两个字用来强调有某一商品和没有某一商品在效用上的差别，特别是已经消费一定数量商品之后再增加一单位消费的效用，同样一块面包，饿的时候边际效用高，吃了几块之后边际效用就降低。所以边际效用是以前消费量的函数。这个理论揭示了一个最平凡的然而也不太被人理解的道理，即一物的价格在某些情况下由消费者对它的评价决定，而与它的成本无关。正因为市场价格和单个企业的成本不成正比，企业才有赚钱与赔钱之别。如果价格等于成本，企业就没有盈亏了。只有当一切条件不变，企业处于长期竞争的环境下，价格才会趋近于成本，而这种情形并不普遍。遗憾的是，成本定价的"理论"把我们的脑筋束缚得太久了，接受新理论并不容易。

富人用一块钱比穷人用一块钱轻率，或者说，富人的钱的边际效用较低。人们越富裕，就越有钱来购买奢侈品，此时社会对边际效用相对小的商品的需求增加了。举例说，在美国最便宜的剃须刀是 10 美分一把，最豪华的剃刀大约要 100 美元，二者相差达千倍。豪华剃刀虽然更美观，更安全，更经用，但它的基本功能也只限于剃胡子，它提供的附加效用非常有限。廉价手表和豪华手表的价钱也可相差千倍。过去我国比较穷，奢侈品没有市场，现在人们钱多起来了，情况正在变化。

由于中美两国富裕程度的差别而形成的效用评价的差别，提供了巨大的贸易机会。即中国可以用极低的价格进口旧用品，其代价主要是收集、分类、运输的成本。如旧汽车是值得进口的。在美国由于人力昂贵，修理费用高，所以报废的标准比较高。美国每年要报废几百万辆汽车，其中有一部分经过修理还可以用上好几年，最后还可以当废钢利用。利用美国报废汽车的另一种办法是拆卸其中的零件或材料。但是进口汽车的跨洋运输费用比较贵，相对于汽车本身的价值，旧汽车运费更高。同时，这对我国汽车工业发展不利，因为我国的汽车工业还处于起步阶段，很难与先进国家的汽车业竞争。说到这一点，我倒愿意建议我国在一定时期内控制甚至禁止豪华型高级轿车的进口。

（资料来源：《生活中的经济学》，茅于轼著）

根据上面的材料，思考下列问题：

1. 商品的边际效用与它的价格之间有什么联系？

2. 运用边际效用理论可以解释哪些经济现象，你能从生活中举出实例吗？

19

第四章
企业理论

一、名词解释

1. 显性成本

2. 隐性成本

3. 折旧

4. 企业家才能

5. 交易成本

6. 规模经济

7. 范围经济

8. 委托—代理问题

9. 激励机制

10. 边际产量

11. 平均产量

12. 边际收益递减

13. 边际成本

14. 规模收益

15. 生产函数

二、单项选择题（每一小题只有一个正确选项，填写在对应横线上。）

1. 企业的经济利润等于总收益减去_____。
   A. 显性成本　　　　　　　　　　　B. 隐性成本
   C. 显性成本和隐性成本之和　　　　D. 边际成本

2. 如果生产函数表现出边际产量递减，那么相应的总产量曲线随着产量增加_____。
   A. 一直下降　　　　　　　　　　　B. 先上升后下降
   C. 一直上升　　　　　　　　　　　D. 以上答案都有可能

3. 边际效用递减规律发生作用的前提是_____。
   A. 技术水平不变　　　　　　　　　B. 存在技术进步
   C. 具有两种以上可变要素的生产　　D. 企业家才能降低

4. 经济分析中的短期是指_____。
   A. 一个月以内　　　　　　　　　　B. 三个月以内
   C. 至少有一种投入要素不变　　　　D. 所有要素都不变

5. 一个企业应当结束营业的情况是_____。
   A. 经济利润为零　　　　　　　　　B. 经济利润为负数
   C. 总收益小于显性成本　　　　　　D. 总收益小于机会成本

6. 短期分析中，当边际成本等于平均总成本时，_____。
   A. 平均总成本减少　　　　　　　　B. 平均固定成本增加
   C. 平均总成本增加　　　　　　　　D. 平均总成本最小

7. 当边际成本等于平均成本时，_____。

A. 边际成本最大　B. 边际成本最小　　C. 平均成本最大　　D. 平均成本最小

8. 当边际产量等于平均产量时，_____。

A. 平均产量最大　B. 平均产量最小　　C. 边际产量最大　　D. 边际产量最小

9. 边际产量等于零时，_____。

A. 平均产量最小　　　　　　　B. 边际产量最小

C. 边际产量＝平均产量　　　　D. 总产量最大

10. 当_____时，对应产量下企业的利润最大。

A. $AP = MP$　　　B. $AC = MC$　　　C. MP 最大　　　D. MC 最小

11. 在规模报酬不变的阶段，如果劳动要素投入增加 10%，资本投入要素不变，那么产量的增加_____。

A. 等于 10%　　　B. 大于 10%　　　C. 小于 10%　　　D. 等于零

12. 如果连续增加生产中劳动要素的投入量，在总产量达到最大时，边际产量_____。

A. 递增　　　　　B. 递减　　　　　C. 等于零　　　　D. 无法确定

13. 长期平均成本曲线 LAC 呈 U 形是因为存在_____。

A. 规模经济　　　B. 范围经济　　　C. 外部经济　　　D. 交易成本

14. 在长期中，_____是不存在的。

A. 固定成本　　　B. 可变成本　　　C. 平均成本　　　D. 边际成本

15. "有限责任公司"中的"有限责任"表示_____。

A. 公司中的每个员工为公司承担所有责任

B. 公司向股东支付红利的责任是有限的

C. 公司依法可以拒绝承担某些责任

D. 股东购买公司股票后，他们不承担别的财务义务，无论公司陷入何等困境中

三、多项选择题（每一小题都有至少两个正确选项，把正确选项填写在对应横线上。）

1. 与市场相比，企业组织生产具有一定优势，主要包括_____。

A. 规模经济

B. 范围经济

C. 可以雇佣管理者以更有效的组织生产

D. 提高收益

2. 公司制企业独有的特点包括_____。

A. 规模大　　　　B. 实现有限责任　　　C. 专业化经营　　　D. 降低了交易成本

3. 关于总产量、平均产量和边际产量之间的说法，正确的有_____。

A. 当边际产量＝0 时，总产量最大

B. 平均产量大于边际产量

C. 平均产量与边际产量有一个交点，在交点处，$AP = MP$，并且平均产量最大。

D. 边际产量始终递减

4. 下列说法中，正确的是_____。

A. 当边际成本达到它的最低点时，平均成本达到最低

B. 由于固定成本永不变动，因此，对于每一产量水平的平均固定成本也是不变的

C. 无论长期短期，当 $MR = MC$ 时，企业实现利润最大化目标

D. 长期平均成本曲线 U 形的各部分依次表明规模经济、规模报酬不变和规模不经济

5. 李明辞去年薪 5 万元的工作，贷款 3 万元加上自己的存款 2 万元，租了一个小铺面开始卖玩具，他的隐性成本包括_____。

A. 失去的 5 万元年薪　　　　　　B. 贷款利息

C. 损失的存款利息　　　　　　　D. 铺面租金

四、简答题

1. 李武去建筑工地打工每天能挣 60 元。今天他在自己的土地上花 1 天时间种下价值 150 元的小麦种子。

（1）他引起的经济成本是多少？

（2）如果他准备用会计的方式记账，衡量的成本是多少？

（3）如果这些种子能够带来价值 400 元的小麦，李武能够赚到多少会计利润？

（4）他赚到经济利润了吗？

2. 某学校打算新组建一个学院，有两处土地可供选择，一是在郊区购买一块土地来修建，二是将原址——位于商业中心区域的一块空地利用起来修建。很多人认为应该利用原址空地，理由是不用花钱购买土地，你认同这个理由吗？为什么？

3. 已知生产函数 $Q = f(L, K) = KL - 0.5L^2 - 0.32K^2$，$K = 10$，式中 Q 表示产量，L 表示劳动，K 表示资本。

（1）写出劳动的平均产量函数和边际产量函数；

（2）分别计算当总产量、平均产量和边际产量达到最大值时，厂商雇佣的劳动数量。

4. 短期生产函数与短期成本函数之间存在怎样的联系？

5. 长期平均成本与规模效益之间有什么关系？

五、案例分析

你的朋友有一个农场，并种植了水果和蔬菜，他通过出售这些产品获利。秋天，这位朋友兴高采烈地告诉你："今年春天，我雇用了一个工人帮我干活，结果使得农产品的产量翻了一番还多。明年春天，我想，我应该再雇两三个帮手，而且，我的产量将增加三四倍还多。"

1. 如果所有生产过程最终都表现出可变投入的边际产量递减，你的朋友通过雇佣更多的工人来使得产量增加，这一推论有可能实现吗？

2. 他雇用更多的工人以后，所得到的农产品产量将始终大于所投入劳动量增加的比例，这可能吗？为什么？

3. 在长期中，如果你的朋友想继续雇用更多的工人，并使这些人引起的生产增加的比例大，他该怎么做？

4. 即使在长期中，你的朋友能无限制的扩大他的生产规模，并保持平均总成本最低吗？

第五章
完全竞争市场

一、名词解释

1. 市场

2. 行业

3. 完全竞争

4. 总收益（TR）

5. 平均收益（AR）

6. 边际收益（MR）

7. 利润

8. 正常利润

9. 经济利润

二、单项选择题（每一小题只有一个正确选项，填写在对应横线上。）

1. 完全竞争厂商的总收益曲线的斜率是_____。
   A. 固定不变　　　B. 经常变动　　　　　C. 1　　　　　　　　　D. 0

2. 根据完全竞争市场的特征，下列哪个行业最接近于完全竞争行业_____。
   A. 自行车行业　　B. 玉米行业　　C. 糖果行业　　D. 服装行业

3. 在完全竞争市场上，厂商的市场需求曲线_____。
   A. 大于平均收益曲线　　　　　　　B. 等于总收益曲线
   C. 大于价格线　　　　　　　　　　D. 等于价格线

4. 在完全竞争条件下，_____是错误的。
   A. 消费者和厂商具有充分信息
   B. 厂商可以制定自己产品的价格，但不能决定生产要素的价格
   C. 厂商只能按照现有的市场价格购买自己需要的生产要素投入量
   D. 厂商只能按照现有的市场价格出售自己生产的产品数量

5. 当一个完全竞争行业实现长期均衡时，每一个企业_____。
   A. 都实现了正常利润　　　　　　　B. 超额利润或经济利润都为零
   C. 都不会再进出该行业　　　　　　D. 以上说法都对

6. 在 $MR = MC$ 的均衡产量上，企业_____。
   A. 必然得到最大的利润
   B. 不可能亏损
   C. 必然得到最小的亏损
   D. 若获得利润，则利润最大；若亏损，则亏损最小

7. 在完全竞争市场上，厂商短期内继续生产的最低条件是_____。
   A. $AC = AR$　　　　　　　　　　B. $AVC < AR$ 或 $AVC = AR$
   C. $P > AC$　　　　　　　　　　D. $MC = MR$

8. 如果在厂商的短期均衡产量上，AR 小于 SAC，但大于 AVC，则厂商_____。
   A. 亏损，立即停产　　　　　　　　B. 亏损，但继续生产
   C. 亏损，生产或不生产都可以　　　D. 获得正常利润，继续生产

9. 在完全竞争市场中，行业的长期供给曲线取决于_____。
   A. SAC 曲线最低点的轨迹　　　　B. SMC 曲线最低点的轨迹
   C. LAC 曲线最低点的轨迹　　　　D. LMC 曲线最低点的轨迹

10. 在完全竞争市场上，整个行业和单个厂商面临的需求曲线分别是_____。
    A. 均向右下方倾斜　　　　　　　　B. 向右下方倾斜，一条水平线
    C. 向右下方倾斜，一条垂直线　　　D. 一条水平线，向右下方倾斜

11. 完全竞争厂商的短期供给曲线是_____。
    A. 短期边际成本曲线上超过停止生产点的部分
    B. 短期边际成本曲线上超过收支相抵的部分
    C. 短期边际成本曲线上的停止生产点和超过停止生产点以上的部分
    D. 短期边际成本曲线的上升部分

12. 在完全竞争市场上，厂商为了获得最大的收益，将按下列哪种价格来销售其产

品_____。

　　A. 市场价格　　　　　　　　　　B. 低于市场价格的价格

　　C. 高于市场价格的价格　　　　　D. 低于其竞争对手的价格

13. 完全竞争市场上，厂商短期均衡的条件是_____。

　　A. $P=AC$　　　　B. $P=MC$　　　　C. $P=AR$　　　　D. $P=MR$

14. 完全竞争市场中厂商可通过哪种手段来获得超额利润_____。

　　A. 使产品价格比竞争对手的高　　　B. 使产品价格比竞争对手的低

　　C. 使产品与竞争对手的有差别　　　D. 进行技术创新

15. 在完全竞争市场厂商的长期均衡产量上必然有_____。

　　A. $MR=LMC\neq SMC$，式中 $MR=AR=P$；

　　B. $MR=LMC=SMC\neq LAC$，式中 $MR=AR=P$；

　　C. $MR=LMC=SMC=LAC\neq SAC$，式中 $MR=AR=P$；

　　D. $MR=LMC=SMC=LAC=SAC$，式中 $MR=AR=P$。

三、多项选择题（每一小题都有至少两个正确选项，把正确选项填写在对应横线上。）

1. 影响市场竞争程度、决定市场类型划分的主要因素有_____。

　　A. 市场上厂商的数目

　　B. 厂商所生产的产品的差别程度

　　C. 单个厂商对市场价格的控制程度

　　D. 厂商进入或退出一个行业的难易程度

2. 根据竞争的程度，可以将市场类型分为_____。

　　A. 完全竞争市场　　　　　　　　B. 寡头垄断市场

　　C. 垄断竞争市场　　　　　　　　D. 完全垄断市场

3. 下面属于完全竞争市场特征的有_____。

　　A. 市场上有很多生产者和消费者　　B. 市场上的产品都是同质的

　　C. 生产要素具有完全流动性　　　　D. 市场信息是畅通的

4. 在完全竞争市场上，对于单个厂商来说，下列条件相等的有_____。

　　A. 价格　　　　B. 边际成本　　　　C. 边际收益　　　　D. 平均收益

5. 在完全竞争市场上，厂商的市场需求曲线_____。

　　A. 大于平均收益曲线　　　　　　B. 等于平均收益曲线

　　C. 大于价格线　　　　　　　　　D. 等于价格线

四、计算题

1. 某完全竞争行业中的单个厂商的短期成本函数为 $STC=0.1Q^3-3Q^2+10Q+200$。当市场上产品价格 $P=100$ 时，求厂商的短期均衡产量和利润。

2. 已知某完全竞争厂商的短期边际成本函数为 $MC = 0.3Q^2 - 5Q + 50$。计算：
（1）当市场价格 $P = 550$ 时，厂商的均衡产量。

（2）当市场价格降到多少时，厂商停止生产？

五、简答题

1. 什么是完全竞争市场？完全竞争市场的特征有哪些？

2. 试比较四种不同的市场类型的特点。

3. 为什么完全竞争厂商的需求曲线、平均收益曲线和边际收益曲线是重叠的？

六、案例分析

画图说明完全竞争厂商的短期均衡、长期均衡的形成及其条件。

七、阅读材料

泛美航空公司的退出

1991 年 12 月 4 日，泛美国际航空公司退出市场舞台。这家在 1927 年就开始飞行的航空公司，许多年来一直是全球航空市场上的主导企业。实际上，有人认为，泛美航空公司的徽记（PAN AM）可能是世界上最广为人知的企业标识。

不过，它的死亡并不令人吃惊。在 1980 年到 1991 年里，泛美航空公司只有一年不亏损——总损失将近 20 亿美元。它在 1991 年 1 月就正式宣布破产。然而，是什么救生系统推迟了泛美航空公司退出商业飞行呢？我们的经济模型如何解释一家亏损 10 年的企业，甚至在正式宣布破产后还继续运营呢？

以成本曲线为依据的进入和退出模型为泛美航空公司在遭受一年亏损后为什么不退出市场提供了合理的解释。只要企业能够索取高于平均可变成本的价格，即使价格低于平均总成本并且企业遭受损失，它继续从事经营就是有经济意义的。

事实上，泛美航空公司似乎在价格甚至低于平均可变成本时，仍然继续营运。它希望市场条件会改善，并且它想随时都可以做出选择。但它为此付出了高昂的代价。

当然，企业在亏损的情况下，它必须有资产可以出售。在泛美航空公司经营状况良好的年份里，它积累了大量资产，而它在 20 世纪 80 年代开始逐步将它们卖掉了。该公司将泛美大厦以 4 亿美元卖给了大都会人寿保险公司；它的国际饭店子公司卖了 5 亿美元；先后将太平洋航线和伦敦航线卖给了联合航空公司，并且卖掉了在东京的大量房地产。到 1991 年年底，泛美航空公司提议将其大多数其他航线出售给德尔塔航空公司，使自己变成了以迈阿密为基地的小型航空公司，主要飞拉丁美洲航线。换言之，在 20 世纪 80 年代，虽然泛美航空公司在遭受亏损的情况下仍然坚持飞行，它已经逐步退出了市场。

其实，在市场经济是否使企业迅速退出的问题上，经济学家之间也争论不休。就泛美航空公司情况看，退出可能是一个漫长的过程。这无疑对某些工人是有利的，他们可以在较长时间里不换工作。但是，如果在泛美航空公司没有遭受更多损失之前，即在 20 世纪 80 年代前期就把公司卖掉，它的股东们的境况就要好得多。

［资料来源：斯蒂格利茨《经济学》（第二版）］

根据上述材料，思考下列问题：

1. 泛美航空公司在遭受一年亏损后，为什么不退出市场？
2. 泛美航空公司在价格低于平均可变成本时，采取了什么样的应对措施？
3. 你认为企业应当在什么条件下退出市场？

第六章
完全垄断市场

一、名词解释

1. 完全垄断市场

2. 自然垄断

3. 单一定价策略

4. 价格歧视

5. 一级价格歧视

6. 二级价格歧视

7. 三级价格歧视

二、单项选择题（每一小题只有一个正确选项，填写在对应横线上。）

1. 中国铁路总公司作为垄断企业存在的主要原因是_____。

    A. 资源独占　　　　　　　　　B. 专利和版权

    C. 规模经济　　　　　　　　　D. 许可证制度

2. 下列完全垄断市场的定价策略中，属于三级价格歧视的是_____。

    A. 厂商制定高价少销的策略

    B. 医生对每个患者征收不同的医疗费

    C. 自来水公司对每月超过一定量的消费后的水收取更高的费用

    D. 铁路公司制定火车票学生优惠价格

3. 在完全垄断市场上，对于任何产量，厂商的平均收益总等于_____。

    A. 边际收益   B. 市场价格   C. 边际成本   D. 平均成本

4. 当完全垄断厂商面临需求曲线比较陡峭时，_____。

    A. 边际收益与价格之间的差额比较大

    B. 边际收益与价格之间的差额比较小

    C. 边际收益与价格之间的差额等于零

    D. 以上说法都不对

5. 完全垄断厂商实现短期均衡时，产品的销售收益_____。

    A. 大于短期总成本   B. 等于短期总成本

    C. 小于短期总成本   D. 以上三种情况都可能存在

6. 在短期，完全垄断厂商_____。

    A. 无盈亏   B. 取得最大利润

    C. 发生亏损   D. 以上任何一种情况都可能出现

7. 下列那一项不是实行有效的价格歧视的必需条件_____。

    A. 区分市场消费者的能力   B. 巨大的无弹性的总需求

    C. 不同市场的需求价格弹性不同   D. 销售市场相互分离

8. 对于完全垄断厂商来说，_____。

    A. 提高价格一定能够增加收益

    B. 降低价格一定会减少收益

    C. 提高价格未必能增加收益，降低价格未必减少收益

    D. 提高价格一定会减少收益

9. 完全垄断厂商的平均收益曲线为直线时，边际收益曲线也是直线。边际收益曲线的斜率为平均收益曲线斜率的_____。

    A. 2 倍   B. 1/2   C. 1 倍   D. 4 倍

10. 完全垄断市场上厂商的需求曲线_____。

    A. 向右下方倾斜   B. 与边际收益线重合

    C. 位于边际收益线的下方   D. 与数量轴平行

11. 如果一个价格歧视垄断者对学生收取较低价格，那么，它就相信_____。

    A. 学生的需求是富有弹性的   B. 学生的需求是缺乏弹性的

    C. 想使学生的需求曲线移动   D. 关心学生福利对经营有利

12. 在完全垄断市场上，厂商的平均收益与边际收益的关系是_____。

    A. $AR < MR$ B. $AR = MR$ C. $AR > MR$ D. 以上都不对

13. 完全垄断厂商的数量是_____。

    A. 一家   B. 少数几家   C. 许许多多   D. 无法确定

14. 当完全垄断厂商的利润最大时，_____。

    A. $P > MC = AC$ B. $P = MC = MR$ C. $P > MR = AC$ D. $P > MR = MC$

15. 一位垄断厂商所面临的需求函数为 $Q_d = 100 - \dfrac{P}{2}$，不变的边际成本是40。如果他不实施价格歧视，他的利润最大化的价格为 _____。

    A. 120   B. 80   C. 60   D. 40

三、多项选择题（每一小题都有至少两个正确选项，把正确选项填写在对应横线上。）

1. 下列属于完全垄断市场特征的有_____。

    A. 整个市场只有一个生产者   B. 该产品没有替代品

    C. 该厂商拥有制定价格的权利   D. 该厂商可以随意提高价格

2. 垄断的来源有_____。

    A. 专利权   B. 特许权   C. 资源独占   D. 规模经济

3. 提高垄断市场效率的公共政策包括_____。

    A. 价格管制   B. 《中华人民共和国反垄断法》

    C. 培养竞争对手   D. 国有化经营

4. 下列关于完全垄断厂商面临的需求曲线和收益曲线说法正确的有_____。

    A. 完全垄断厂商面对的需求曲线是一条向右下方倾斜的曲线

    B. 完全垄断厂商面对的需求曲线是一条水平线

    C. 完全垄断厂商的平均收益曲线与需求曲线重合

    D. 完全垄断厂商的总收益曲线先下降再上升

5. 价格歧视是完全垄断厂商利用其垄断地位，尽可能多的赚取超额利润的定价策略，下列关于价格歧视的说法正确的有_____。

    A. 完全垄断厂商都采用价格歧视的定价策略

    B. 价格歧视是利用消费者对商品的需求价格弹性不同而对其制定不同价格的

    C. 价格歧视可以分为一级价格歧视和二级价格歧视两种类型

    D. 有效的价格歧视策略必须能够将不同消费者区分开来

四、计算题

1. 已知某完全垄断厂商的总收益函数为 $TR = 100Q - Q^2$，总成本函数为 $TC = 40 + 40Q$。计算：该厂商实现短期均衡时的产量和价格。

2. 某完全垄断厂商面临的需求曲线为 $P = 80 - 2Q$，总成本函数为 $TC = 30 + 20Q$。计算：该完全垄断厂商获得最大利润时的产量、价格和利润。

五、简答题

1. 完全垄断市场的特征是什么？

2. 厂商收益与需求价格弹性的关系是什么？

3. 完全垄断市场和完全竞争市场的长期均衡有什么区别，为什么会有这样的区别？

六、案例分析

"钻石恒久远，一颗永流传"是著名的南非的德比尔斯钻石公司非常经典的一句广告词。德比尔斯公司是世界上最大的钻石公司，控制了世界上80%以上的钻石矿，其他的不足20%的矿产分散在斯里兰卡和俄罗斯，形不成规模，根本对德比尔斯公司形不成竞争威胁。所以在钻石市场上，德比尔斯公司可以说是当之无愧的王者。

1870年，人们在南非发现一个钻石矿，当时这个钻石矿的地点属于德比尔斯（De Beers）兄弟的农场。来自世界各地的几千人涌入他们的农场，乱采乱挖。德比尔斯兄弟不愿同这些怀抱疯狂发财梦的人打交道，他们以6 300英镑的价格，把农场卖给了英国投资者，这个英国投资集团买断了所有的经营权，并于1888年成立了德比尔斯联合矿业公司。公司取名德比尔斯，只是为了纪念卖出农场的那对傻兄弟。这对兄弟当时不可能想到，以他们姓氏命名的这家公司，从他们的农场上采到的钻石，一度居然占据了世界钻石市场95%的份额。顺便说一下，这种垄断方式并不新鲜，从欧洲中世纪的手工业行会开始，垄断就是商业传统。

德比尔斯最大的一个矿，年产400万克拉钻石原石。1克拉＝200毫克，400万克拉大约是 800 千克钻石原石。德比尔斯公司很会经营，每年卖十批给批发商，能够参加看货的只有 93 个批发商。德比尔斯手中的钻石也许是全世界垄断性质最高的商品，而且，德比尔斯还将这种全球垄断变成限量供应，由此轻松自如地操纵了钻石价格。它每年只与很少的熟面孔批发商打交道，因此，钻石原石交易基本上不需要合同，不需要现金，只需要信誉。

钻石的价格并不是市场自然调节的，而是德比尔斯一手操纵的。最高峰的时候，德比尔斯一家就占据了世界钻石销售 95% 的份额，价格几乎是随便它定。德比尔斯公司在世界市场上采用的是"高价少销"的定价策略，并且采用一口价销售，不允许讨价还价。

对于垄断者来说，由于该市场只有唯一的企业，不用做广告宣传该企业的产品。那么，在世界钻石市场形成了垄断的德比尔斯为什么要在世界各地花巨资进行广告宣传呢？

长期以来，没多少人买钻石，尤其是小钻石。只有大钻石会被权贵购买炫耀，例如英国女王、法国国王。第二次世界大战之后，为了扩大钻石市场，德比尔斯把目光瞄准了富裕起来的美国中产阶级，它发明了一句最值钱的广告语："A Diamond is Forever"。美国人在很长时间里都被欧洲人嘲笑为没文化的暴发户，德比尔斯的营销术，果然让爱慕虚荣的美国人中招，纷纷疯狂地购买钻石。如今，大约有 80% 的美国新婚夫妇将钻石作为结婚必备之物，钻石戒指或钻石项链等钻石饰物终于成了美国传统，美国也成为全世界最大的钻石市场。其次是日本，日本女性的人均钻石拥有量甚至还超过美国，列世界第一。德比尔斯的钻石广告在中国市场上现在被演绎为"钻石恒久远，一颗永流传"，钻石成了爱情的象征，很多时候爱情甚至用钻石的大小来衡量。

阅读上述材料，回答下列问题：

1. 德比尔斯公司的定价策略是什么？为什么它会选择这样的定价策略？
2. 对于完全垄断厂商而言，还可以选择什么样的定价策略？简述这种定价理论。
3. 对于垄断厂商而言，为什么还需要斥巨资打广告？

七、阅读材料

价格歧视在电信运营业中的运用

长期以来，电信运营业一直由政府在进入、退出和价格等方面实行管制政策，属于政府行政垄断的行业。在电信运营行业运用价格歧视理论来制定差异化的价格，是电信运营商获取超额利润的常用手段。

实行一级价格歧视时，企业在交易中向每个客户索要其愿意为所买商品支付的最高价格。在现实中，由于企业获取每个客户个人消费信息的不完全以及获取信息的巨额成本，完全一级价格歧视在营销实践中运用相当困难。由于为数不多的超级大客户和大客户构成了电信运营企业利润来源的主体，并且往往是各电信运营企业争夺的焦点，因此，电信运营企业可以在与这些超级大客户及大客户进行交易时应用一级价格歧视。在交易中，电信运营企业代表可通过讨价还价最终和客户达成价格协议。这个讨价还价的过程就是企业对客户的需求进行估价、摸底、试探、商议的过程。若价格协议达成，企业就成功地索要了该客户愿意为购买其商品而支付的最高价格（即保留价格）。然而，客户会隐藏自己对产品价值的看法，甚至向企业发出相反的信号，如掩饰强烈购买欲望或故意贬低商品价值等，这些都有可能使企业错误地估计客户的保留价格，在讨价还价中做出不适当的让步，使本该获得的消费者剩余落空。从这一点上看，实行一级价格歧视的关键是索要保留价格。

对一些特殊的电话（手机）号码资源进行拍卖，就是电信运营企业实施一级价格歧视的一种策略。如 2003 年 8 月，成都电信曾以 233 万元的天价，将 028-88888888 的电话号码拍卖给四川航空公司；2004 年 5 月，乌鲁木齐电信以 32 万元的价格将 6888888 的电话号码拍卖给了新疆一家实业公司。

二级价格歧视是企业把产品分成几组，按组制定差别价格。电信运营企业可以对其产品按照消费数量的多少和消费时间的不同进行分类。在二级价格歧视下，消费者随着购买量的不同，其所支付的价格也不同。一般来说，购买量越大，支付的平均价格越低。在移动通信市场，中国移动和中国联通都有规定，用户的通话费或通话时间在一定范围内必须支付一个比较高的价格，超过这个范围则可以享受一定比例的折扣，如果通话费更多或通话时间更长，还可以享受更大的折扣。对于用户来讲，通话时间越长，平均价格就越低。

峰值定价方法是电信运营企业基于电信产品消费时间的不同而采用的二级价格歧视策略。消费者对通话的需求具有时段性，这种需求依消费者的作息习惯而变化，白天需求多，深夜需求少。峰值时段消费者的需求强劲，运营商的边际成本也较大，资费水平也相应提高。峰值定价方法不仅是运营商追求额外消费者剩余的手段，也是其弥补成本的要求，有利于电信运营企业充分利用网络资源，提高设备利用率，降低运营成本。采用这种定价方法，不但电信运营企业可以赚到比采用单一定价策略更多的利润，而且消费者也会从中受益。在实践中，峰值定价方法被广泛应用。如我国固定电话的资费标准规定，每天凌晨 0：00 到 7：00，长途电话费按白天资费的半价收取。在美国，电信公司更是将一天分成白天、傍晚、深夜三个区段分别定价。

三级价格歧视是指企业根据某种特定的标准将客户进行分类，明确每位客户属于哪个类别，并针对不同的消费者群体采取逆弹性法则，三级价格歧视是最常用的价格歧视手段。在实践中，企业往往利用品牌差异、产品差异并结合其他营销手段来达到三级价格歧视的目的。

（1）品牌差异。随着电信市场竞争的日益激烈，电信运营商的品牌竞争将成为焦点，客户对运营商品牌和服务（产品）品牌的忠诚度将成为竞争的核心。如中国移动、中国联通建立了"全球通""神州行""如意通"等产品品牌；中国网通建立了"情传万家"服务品牌。

（2）产品差异。全球最成功的移动数据服务提供商之一的日本 DoCoMo 就号称拥有 1 000 多项移动增值业务。为了实现最大收益，DoCoMo 采取了分步收入的模式和分客户群进行定价管理的方法，其差异化收费和差异化服务以及运用基于分组化信息流量的计价方式大大增加了其用户数量、用户忠诚度和用户使用率，提高了企业的经济效益。

（3）服务差异。通过提供差异化的、不同等级的服务满足不同客户的服务需求（如为大客户提供个性化服务，为普通客户提供规范化服务等），进而实现价格的差异化。中国联通在这方面做了尝试和努力。通过建立各级大客户中心，为大客户提供上门服务、综合业务"一站式服务"，还为其提供交通港站和海关绿色通道等通信业务以外的服务，深受大客户的欢迎。

（资料来源：摘自中国信息产业网。作者：魏海峰）

根据上述材料，思考下列问题：

1. 不同的定价策略会如何影响企业的利润？

2. 不同的定价策略对消费者会产生什么影响？

第七章
寡头和垄断竞争

一、名词解释

1. 寡头垄断市场

2. 卡特尔

3. 价格领导

4. 成本加成定价

5. 垄断竞争市场

6. 不完全竞争市场

7. 纯粹寡头

8. 差别寡头

二、单项选择题（每一小题只有一个正确选项，填写在对应横线上。）

1. 垄断竞争厂商实现短期均衡时，产品的销售价格_____。

A. 大于短期总成本　　　　　　　　B. 等于短期总成本

C. 小于短期总成本　　　　　　　　D. 以上三种情况都可能存在

2. 垄断竞争厂商实现长期均衡时，厂商的获利情况是_____。

　　A. 亏损　　　　　　　　　　　　B. 获得正常利润

　　C. 获得超额利润　　　　　　　　D. 以上三种情况都可能存在

3. 垄断竞争厂商实现利润最大化的途径有_____。

　　A. 产品质量竞争　　　　　　　　B. 调整价格从而确定相应的产量

　　C. 产品广告竞争　　　　　　　　D. 以上三种情况都可能存在

4. 寡头垄断厂商的产品是_____。

　　A. 可以是同质，也可以有差别　　B. 同质的

　　C. 有差异的　　　　　　　　　　D. 以上都不对

5. 卡特尔通过_____确定产量水平。

　　A. 使每个厂商达到供求平衡　　　B. 使每个厂商的边际成本等于边际收益

　　C. 使卡特尔的边际收益等于边际成本　　D. 以上都不对

6. 垄断竞争厂商实现短期均衡时，厂商的获利情况是_____。

　　A. 亏损　　　　　　　　　　　　B. 获得正常利润

　　C. 获得超额利润　　　　　　　　D. 以上三种情况都可能存在

7. 卡特尔制定统一价格的原则是_____。

　　A. 使整个卡特尔的产量最大　　　B. 使整个卡特尔的利润最大

　　C. 使整个卡特尔的成本最小　　　D. 使整个卡特尔中各厂商的利润最大

8. 现实生活中，_____是垄断竞争市场。

　　A. 玉米市场　　　　　　　　　　B. 石油市场

　　C. 服装市场　　　　　　　　　　D. 自来水供应市场

9. 在垄断竞争市场中，_____。

　　A. 许多厂商生产同质产品　　　　B. 许多厂商生产有差别的产品

　　C. 少数几家厂商生产有差别的产品　　D. 少数几家厂商生产同质产品

10. 一个行业有很多厂商，每个厂商销售的产品与其他厂商的产品略有差别，这样的市场结构称为_____。

　　A. 垄断竞争　　　B. 完全垄断　　　C. 完全竞争　　　D. 寡头垄断

11. 最需要进行广告宣传的市场是_____。

　　A. 完全竞争市场　　B. 垄断竞争市场　　C. 寡头垄断市场　　D. 完全垄断市场

12. 一个行业中只有少数几家企业，每家企业都要考虑竞争对手的行为，这样的市场结构叫作_____。

　　A. 完全竞争　　　B. 垄断竞争　　　C. 寡头垄断　　　D. 完全垄断

13. 厂商之间具有相互依存性的市场是_____。

　　A. 完全竞争市场　　　　　　　　B. 完全垄断市场

　　C. 垄断竞争市场　　　　　　　　D. 寡头垄断市场

14. 寡头垄断和垄断竞争之间的主要区别是_____。

　　A. 厂商的广告开支不同　　　　　B. 非价格竞争的数量不同

　　C. 厂商之间相互影响的程度不同　　D. 以上都不对

15. 在囚犯的两难选择中，_____。

    A. 双方都独立依照自身利益行事，结果限于最不利的局面

    B. 双方都独立依照自身利益行事，导致最好的选择

    C. 双方进行合作，得到了最好的结果

    D. 以上说法均不正确

三、多项选择题（每一小题都有至少两个正确选项，把正确选项填写在对应横线上。）

1. 垄断竞争厂商处于长期均衡时_____。

    A. $AR = LAC$ B. $AR = LMC$ C. $MR = LMC$ D. $MR = LMC = P$

2. 寡头垄断市场的主要特征有_____。

    A. 厂商数目屈指可数   B. 厂商之间相互依存

    C. 产品同质或异质   D. 厂商进出不易

3. 完全竞争与垄断竞争市场上厂商长期均衡时的主要差别有_____。

    A. 需求曲线、平均收益曲线、边际收益曲线不同

    B. 价格不同

    C. 产量不同

    D. 长期平均成本的状况（是否处于最低点）不同

4. 不完全竞争市场包括_____。

    A. 完全竞争市场   B. 完全垄断市场

    C. 垄断竞争市场   D. 寡头垄断市场

四、计算题

    每辆汽车的平均成本是 7 万元，汽车行业的平均利润是 10%，如果根据成本加成法定价，每辆汽车的价格为多少？如果平均成本上升为 8 万元/辆，那么价格又为多少？

五、简答题

    1. 如果有两家小企业，一家是养鸡场，另一家是服装厂，请问这两家企业哪一家是完全竞争厂商，哪一家是垄断竞争厂商？为什么？

2. 为什么说垄断竞争市场相比完全竞争市场和完全垄断市场更有利于技术创新。

3. 垄断竞争厂商均衡有何特点？

六、案例分析

我们天天都遭受着广告的狂轰滥炸，从食品、服装到名酒、汽车。但是我们却没有见到过农贸市场上大米、小麦的广告，也很少看到石油、电力的广告。

请回答：

1. 这其中的原因是什么？

2. 试论述这些产品市场的特征和区别。

七、阅读材料

彩电价格联盟能存在多久

近日，国内九大彩电生产商在深圳召开的"彩电峰会"上宣布康佳、TCL、创维、厦华、海信、乐华、熊猫、金星、西湖九大品牌的彩电价格上涨 3%～5%。其中，86 厘米型号彩电将上涨 150～400 元，74 厘米上涨 100～300 元，64 厘米将上涨 60～200 元。这次峰会上部分彩电的最低限价为：普通彩电 21 英寸 1 050 元，25 英寸 1 700 元，29 英寸 2 600 元，34 英寸 4 200 元，纯平彩电 25 英寸 3 500 元，29 英寸 4 300 元（1 英寸＝2.54 厘米）。另据报道，预计下个月彩电价格还有一次价格上涨，上涨幅度将达到 10%～15%。

1996 年以来，国内彩电市场的竞争日趋激烈，各大彩电企业间经常爆发出惊人的价格战。但我们应该看到，彩电价格的连续下降过程是一场民族品牌"驱逐"西洋品牌的战役，也是民族企业学习国际先进技术的过程，更是民族企业走向国际市场的前奏。经过一轮又一轮价格下降之后，国内的彩电生产企业由 20 世纪 80 年代后期的 90 余家演变为目前不到 20 家；而另一方面，彩电的生产能力上升到 4 200 万台，国内的彩电需求量达到了每年 2 800 万台，国内整体彩电市场的年增长率保持在 5% 以上，已经开始向其他国家出口彩电。

在激烈的市场竞争之后，近日国内彩电厂商达成同盟，提高了彩电的市场售价。笔者认为，这一价格同盟在短期内对于抑制国内彩电市场的恶性竞争、稳定市场秩序有着积极的作用，但从中长期看，所起的作用将会越来越趋于弱化。

笔者预计，此次的价格同盟很有可能在半年至一年内瓦解。其主要原因在于：

1. 此次价格同盟中并没有包括国内彩电业的巨头"四川长虹"

尽管康佳、TCL、海信等品牌在近两年内快速成长，已经对"四川长虹"构成相当的威胁，也尽管四川长虹在 1999 年的销售量和利润出现了大幅度的下降，但长虹依然是国内彩电市场的重要力量。在持续的高速成长之后，从 1998 年起长虹集团实施了一系列的内部调整，其中包括了产品、管理、科研、人事等。笔者估计，四川长虹的战略调整在 2～3 年内将完成。虽然长虹在纯平彩电市场上出现了战略失误，但我们不能低估其在国内彩电市场中的价格影响力。因为在 1998 年以前，国内的彩电价格战都是由长虹率先挑起，其他厂商跟进。由于四川长虹没有参加此次的价格同盟，在其内部整合完成之后是否会再次降价？降价之后，其他厂商会如何反应？

2. 九大同盟生产厂商之间也是对手

在多次的价格战中，长虹是价格战的"发动者"，而康佳历来采取"价格追随"策略。但在 1999 年的彩电市场中，海信凭借其强大的实力发动了纯平彩电的价格战，熊猫和金星等品牌也多次降价。可以说，此次价格同盟的九大厂商在彩电市场中是相互的竞争对手，曾经有过多次残酷的较量。在这种背景下，很难想象大家会坚守价格同盟。更何况，此次的同盟对于第二阵营的厂商来说并没有获得多少利益，最可能的结果是一段时间之后，由部分品牌的厂商再次挑战价格同盟。

3. 国外品牌在国内市场的拓展

目前国外的品牌在国内彩电高端市场中依然占有相当的份额，比如新一代纯平、背投影彩电等，其产品的售价也在逐步地调整，这就必然会对此次的价格同盟产生一定程度的冲击。随着彩电技术的进步，国内厂商如果不能紧跟世界的潮流，提升彩电产品的结构，那么坚守一个所谓的"价格同盟"又有多大的意义。

中长期作用将弱化

此次彩电价格同盟的作用会在一定时期后弱化，其原因在于：

1. 企业间价格的同盟协议具有一种不稳定倾向

企业间价格的同盟协议就是经济学中所指的"卡特尔"，即企业或厂商之间公开或正式达成的串谋协议，其目的是追求利润的最大化。为了维持卡特尔有效，企业间就需要找到一种防止和惩罚作弊的办法。如果它们无法相互监察产量，作弊的诱惑就会使卡特尔瓦解。因此一般行业中的卡特尔具有一种不稳定倾向。行业中达成卡特尔协定的困难或卡特尔形成趋向不稳定的原因在于总有作弊的诱惑存在。因为只要一家企业增加产量和销售量，那么它就可以获得更多的利润，这就压缩了其他企业的销售量和增长空间，其他厂商必然通过价格竞争来维持一定的销售量和市场份额，卡特尔就此瓦解。百年来全球经济发展过程中各个行业的价格同盟都是最终走向崩溃，此次的价格同盟在一定时期后是否还能够产生效力值得怀疑。

2. 同盟价格的意义并不是很大

本次峰会上部分彩电的最低限价为：普通彩电21英寸1 050元，25英寸1 700元，29英寸2 600元，34英寸4 200元，纯平彩电25英寸3 500元，29英寸4 300元。上述产品的最低限价与目前市场上的价格相差并不是很大。因而只是在短期内阻止了恶性竞争，稳定了市场的价格。从中期看，随着新产品彩电价格的调整，上述价格必然受到冲击。

国内的彩电产业能够从无到有，从有到强，这是我们民族的骄傲。但在新经济和信息技术的冲击之下，国内的彩电厂商面临着更多的挑战。在发达国家纷纷进军高清晰度数字电视（HDTV）和新型显示器件产业之时，我们应该开拓新的市场，放眼全球、放眼未来。

（摘自上海证券报2000-06-13，文/南方证券研究所，牟旭东）

根据上述材料，思考下列问题：

1. 国内彩电市场是一个什么样的市场？

2. 彩电同盟价格的存在对市场竞争有什么影响？

3. 彩电同盟价格对消费者有什么影响？

第八章
收入分配与平等

一、名词解释

1. 效率

2. 平等

3. 生产要素

4. 派生需求

5. 边际产量

6. 边际产量收益

7. 劳动生产率

8. 实际利率

9. 人力资本

10. 补偿性（工资）差异

11. 歧视

12. 收入分配理论

13. 洛伦茨曲线

14. 贫困率

15. 功利主义

16. 自由主义

17. 自由意志主义

18. 累进的所得税

19. 补贴

20. 基尼系数

二、单项选择题（每一小题只有一个正确选项，填写在对应横线上。）

1. 如果政府大力提倡用先进的机器来代替劳动，这将导致_____。
   A. 劳动的供给曲线向左移动　　B. 劳动的供给曲线相右移动
   C. 劳动的需求曲线向左移动　　D. 劳动的需求曲线相右移动

2. 如果对工人提供劳动征税，将会使得均衡工资_____。
   A. 上升　　　　B. 下降　　　　C. 不变　　　　D. 无法判断

3. 劳动供给曲线向后弯曲意味着_____。

    A. 收入效应大于替代效应   B. 替代效应大于收入效应

    C. 人们都很懒   D. 老板不应该涨工资

4. 美国工人的平均工资水平高于多数其他国家（比如中国）工人的工资，主要原因在于_____。

    A. 美国人都很富有   B. 劳动者数量的差别

    C. 劳动生产率的差别   D. 工作时间长短不同

5. 收入分配完全或绝对的平等分布在洛伦茨曲线上表现为_____。

    A. 从对角线明显凸出的一条曲线   B. 45°线

    C. 随机的曲线   D. 很靠近对角线的一条曲线

6. 如果政府对人们实行累进的所得税，然后将纳税所得平均地再分配给每个人，那么洛伦茨曲线的位置将会_____。

    A. 向 45°线移动   B. 远离 45°线   C. 不发生移动   D. 无法判断

7. 劳动者在决定提供多少劳务时，依据的一般原则是使收入对闲暇的边际替代率等于_____。

    A. 工资率   B. 劳动生产率   C. 边际产品   D. 以上都不正确

8. 如果工资率上升时，劳动者增加劳动供给量，表明了此时_____。

    A. 劳动者需要很多钱   B. 劳动者热爱劳动

    C. 收入效应更大   D. 替代效应更大

9. 随着移民人口增加，一国劳动人口也随之增加，在其他条件不变的情况下，这将导致该国的劳动供给曲线_____。

    A. 不移动   B. 向左移动

    C. 向右移动   D. 发生移动，但方向难以确定

10. 如果政府实行完全平均的收入分配原则，那么，此时的基尼系数将等于_____。

    A. 0   B. 1

    C. 0.5   D. 0 到 1 之间的任意一个数

三、多项选择题（每一小题都有至少两个正确选项，把正确选项填写在对应横线上。）

1. 对一个确定的经济体，决定劳动力供给的因素包括_____。

    A. 劳动力的数量

    B. 在劳动力市场上，劳动力人口的参与率

    C. 劳动力的质量和技能水平

    D. 法定的一周工作小时数

2. 反对收入分配不平等，意味着政府要为_____而努力。

    A. 帮助贫困人口脱贫   B. 抑制高收入人群的收入

    C. 建立收入分配的竞争机制   D. 实现绝对平均

3. 中国改革开放 40 年，人们的收入差距不断扩大，主要原因包括_____。

    A. 人生而不同，劳动生产率不同，因此收入不同

B. 人们面临的机遇不同

C. 政府没有实行缩小差距的政策

D. 人们从事的工作不同，差别很大，由此导致的收入差别也很大

4. 如果政府试图使人们的收入分配状况的洛伦茨曲线更接近45°线，可能采取的政策包括_____。

A. 累进的所得税制度   B. 建立社会保障制度

C. 提供更多的公共产品，比如医疗   D. 对穷人进行补贴

5. 人们取得收入的主要途径包括_____。

A. 工资   B. 利息   C. 租金收入   D. 政府转移支付

四、简答题

1. 商品房价格变化，对于建筑工人的工资有影响吗？

2. 医生一般比护士工资水平高，为什么？教师的工资一般低于受教育水平差不多的律师、医生，这又是为什么？

3. 如何理解生产要素投入的成本与收益？

4. 什么是洛伦茨曲线和基尼系数？

5. 自从 20 世纪 60 年代中期以来，妇女的劳动力参与程度显著增加了，比例从40%上升到60%。这个数量上的改变可以从哪些方面进行解释？

6. 在下列每一种工人中，哪一种工人能得到更高的工资收入？为什么？

（1）在野外高压塔上作业的电工和居民家庭中作业的电工；

（2）刚毕业的会计师和有 5 年工作经验的会计师；

（3）超市收银员和外科医生；

（4）漂亮的推销员和长相平常的推销员；

（5）值白班的门卫和值夜班的门卫；

（6）大学的经济学教师和公司里的经济学家；

（7）酒吧驻唱歌手和著名歌星；

（8）最好的木匠和最好的足球明星。

五、计算题

假定对劳动的市场需求曲线为 $D_L = 6\,000 - 100W$，劳动的供给曲线为 $S_L = 100W$，其中 D_L、S_L 分别表示劳动市场的需求量和供给量，W 表示工资水平。求解：

（1）该劳动市场的均衡工资水平；

（2）假如政府对工人提供的每单位劳动课以 10 元的税，那么新的均衡工资是多少？

（3）实际上对每单位劳动征收的 10 元税最终由谁承担？

（4）政府征收的总税收额为多少？

六、案例分析

现实中的劳动市场

2008 年是非常特殊的一年，不仅是我国劳动力市场管制逐渐强化的一年，也是雪灾、地震、奥运会、全球金融危机等一系列重大事件交织发生的一年。这些重大事件直接或间接地影响了我国社会经济发展的格局，并构成了当前就业面临的基本形势。

1. 大企业削减招聘规模

往年金融、地产、消费类和流通类的知名企业往往是从校园中选拔大量应届毕业生中的人才，但是今年却迟迟不见这类企业的身影。"从截止到 11 月底的排期来看，计划来宣讲的证券公司仅有一家，保险公司方面提供的职位数量也锐减。"

更让人感到心寒的是，一些已经公开公布校园招聘计划的企业竟然宣布取消招聘计划。据了解，最先公开掀起"退招"风波的是家乐福（中国），成都家乐福超市宣布取消原定于 2008 年 11 月 6 日在西南财经大学进行 2008—2009 年度的校园招聘宣讲会。对于取消的原因，该公司解释为"由于受到全球经济危机影响，家乐福（中国）总部通知全国范围内的招聘活动取消。"

2. 企业大裁员，就业增加更多压力

中国现代国际关系研究院经济安全研究中心主任江涌在接受记者专访时表示，全球性裁员已经成为金融危机扩大化的又一波浪潮。江涌表示，从公司裁员潮的走向，可以看出此次金融危机仍在扩大，而底层员工受裁员影响更深。"可以说，全球性的裁员潮成为金融危机扩大化、深化的又一种表现，对很多公司和底层员工来说，更艰难的日子还在后面。"这些刚失去工作的员工形成了就业市场上新的力量，这将给没有任何经验的应届毕业生带来不小的就业压力。

3. 大学生就业形势严峻

据统计，2008 年的大学毕业生再创历史新高，人数达创纪录的 559 万，有专家预计，全国普通高校毕业生约达 592 万人，同时加上去年没能实现就业的往届毕业生，这个就业竞争的压力是非常大的。"今年大学毕业生的就业形势将更加严峻。"

根据以上材料思考下列问题：

（1）经济现实说明劳动力市场上的供求处于什么状况？

（2）就业问题可能产生什么样的影响？

（3）你认为人们可以采取哪些措施来解决就业问题？

第九章
市场失灵与微观经济政策

一、名词解释

1. 市场失灵

2. 不完全竞争

3. 垄断

4. 低效率

5. 寻租

6. 反托拉斯法

7. 信息不对称

8. 逆向选择

9. 道德风险

10. 外部效应

11. 公共物品

12. 政府失灵

13. 委托—代理问题

二、单项选择题（每一小题只有一个正确选项，填写在对应横线上。）

1. 被称作外部性的市场失灵发生在_____。

　A. 在市场价格不能反映一项交易的所有成本和收益时

　B. 当信贷市场配给人贷款时

　C. 当市场未能出清时

　D. 当公司追求利润最大化目标时

2. 人们的某种行为或者某项决策使他人无偿地享有了额外收益，此称为_____。

　A. 道德陷阱　　　B. 效率　　　　C. 外部不经济　　　D. 外部经济

3. 垄断造成的社会福利损失表现为_____。

　A. 三角形净损失　　　　　　　B. 对消费者福利的侵害

　C. 垄断利润　　　　　　　　　D. 净损失加上寻租导致的损失

4. 如果一个市场上一种商品的供给量相对于最优产量来说处于供给不足，说明这个市场上很可能存在_____。

　A. 正的外部性　　B. 负的外部性　　C. 交易成本　　　D. 信息不对称

5. 在自家后院种花的行为可能带来_____影响。

　A. 示范作用　　　B. 正的外部性　　C. 负的外部性　　D. 不完全竞争

6. 如果某种产品的生产存在负的外部性，那么_____。

　A. 政府无能为力　　　　　　　B. 市场上该产品供给过量

　C. 边际成本为零　　　　　　　D. 市场上该产品供给不足

7. 当政府试图处理外部不经济时，它的基本目标是_____。

　A. 消除社会成本　　　　　　　B. 取缔产生外部不经济的行为

　C. 增加私人成本　　　　　　　D. 促使决策者考虑社会成本

8. 下列产品中，属于纯公共产品的是_____。

　A. 教育　　　　　B. 公共交通　　　C. 保险　　　　　D. 国防

9. 如果别人在公共场合吸烟，而你因此受到患肺部疾病的威胁，这表明存在_____。

　A. 外部经济　　　B. 外部不经济　　C. 公共产品　　　D. 道德风险

10. 在保险市场上，购买了财产保险的人可能更容易放松警惕，不会小心翼翼地锁上自行车或者定期检查灭火器，这表明了市场失灵中的_____现象。

    A. 外部性　　　　B. 公共物品　　　　C. 信息不对称　　　　D. 不完全竞争

三、多项选择题（每一小题都有至少两个正确选项，把正确选项填写在对应横线上。）

1. 下列政府纠正市场失灵的行为中，_____属于科斯定理的应用。

    A. 税收　　　　B. 企业合并　　　　C. 规定财产权　　　　D. 津贴

2. 为了降低信息不对称的不利影响，人们可能采取的行动包括_____。

    A. 降低价格　　　　B. 三年质保　　　　C. 专家鉴定书　　　　D. 无条件退货承诺

3. 保险公司在承保过程中面临的问题包括_____。

    A. 信息不对称　　　　B. 逆向选择　　　　C. 道德风险　　　　D. 委托—代理问题

4. 人们反对垄断的主要理由包括_____。

    A. 垄断市场上的资源配置未能实现帕累托最优

    B. 垄断企业生产效率低下

    C. 垄断往往伴随着寻租行为

    D. 垄断导致社会总福利的净损失

5. 存在信息不对称的情形包括_____。

    A. 医疗　　　　　　　　　　　　B. 保险

    C. 劳动力市场　　　　　　　　　D. 股东和总经理之间

四、简答题和计算题

1. 有一个自然垄断企业，它面临的生产函数为 $C = 40Q - Q^2$。根据垄断企业的利润最大化条件，该企业实现利润最大化时的边际收益为 12 元，产品的价格为 40 元。

（1）求该垄断企业的平均成本；

（2）求该垄断企业此时的利润水平；

（3）如果政府为了实现帕累托最优而进行价格管制，限制价格为 10 元，此时的产量是多少？

（4）政府需要对该企业进行补贴吗？如果需要，补贴额为多少？

2. 公共物品有什么特点？这些特点怎样说明在公共物品生产上市场是失灵的？

3. 什么是外部性？经济学中认为应当如何解决外部性问题？

4. 以旧车市场为例，说明信息不对称会导致市场机制失灵。

5. 简述市场失灵的原因和政府的微观经济政策。

五、案例分析

环境治理的经济学分析

近些年来，环境污染、资源枯竭以及生态失衡已经成为世界性难题，经济学试图用外部性理论来理解这些问题，比如治理环境污染问题。

假设有一家工厂附近有 10 户居民，工厂排放的污水会对居民饮水卫生造成危害。如果要消除污染，一个办法是由工厂安排一个净化处理程序，这会导致工厂成本上升；另一个办法是每个居民给自己家里装一个净化器，每户家庭都必须为此进行额外开支。那么，我们应该如何解决这个问题呢？

第一种设想来自于科斯定理，根据这一理论，"只要交易费用为零，财产的法定所有权的分配不影响经济运行的效率。"因此，难点在于确定产权，是工厂享有"污染权"，还是居民享有不受污染的权利呢？如果是工厂享有排放污水的权利，那么居民就会给自家安装净化器，或者凑钱给工厂安排净水设施；如果居民有权要求保持水源清洁，那么就由工厂来支付净水器或者净水设施的成本——二者最终都能解决外部性问题。

第二种是根据"污染者付费"的原则，政府对企业的排污行为加以管制，包括设定排污标准、征收"庇古税"和进行排污权交易，等等。

排污标准也称为环境标准，是直接管制手段中最具代表性的一种方法。它是由政府相关部门制定并依法强制实施的每一污染源特定污染物排放的最高限额，超过这个限额就要给予重大惩罚。

"庇古税"和排污权交易都是通过经济手段对污染问题进行间接管制。其中"庇古税"即排污收费，根据排污者对环境造成危害的程度所征收的一种税，是英国经济学家庇古首先提出来的，通过税收弥补私人成本与社会成本之间的差距，使二者相等。

排污权交易是在20世纪70年代由美国经济学家戴尔斯提出，其基本内容是实行排污许可证制度，由政府向厂商发放排污许可证，该证所代表的排污权可以在市场上进行交易。

根据上述内容以及你自己的理解，分析一下上述各项污染治理措施能够产生的影响及其优劣。

第十章
宏观经济基本问题及国民收入核算

一、名词解释

1. 最终产品

2. 中间产品

3. 流量

4. 存量

5. 国内生产总值 GDP

6. 国民生产总值 GNP

7. 国内生产净值 NDP

8. 国民收入 NI

9. GDP 缩减指数

10. 均衡产出

二、单项选择题（每一小题只有一个正确选项，填写在对应横线上。）

1. GDP 与 NDP 之间的差别是_____。

    A. 直接税   B. 间接税   C. 折旧   D. 净出口

2. 一国的 GDP 小于 GNP，说明该国公民从外国取得的收入_____外国公民从该国取得的收入。

    A. 大于   B. 小于

    C. 等于   D. 可能大于也可能小于

3. 鸡蛋是最终产品这一命题_____。

    A. 一定不对   B. 一定对

    C. 可能对也可能不对   D. 以上说法全对

4. 在一个四部门的经济中，GDP 是_____的总和。

    A. 消费、总投资、政府购买和净出口   B. 消费、净投资、政府购买和净出口

    C. 消费、总投资、政府购买和总出口   D. 工资、地租、利息、利润和折旧

5. 如果一个社会体系国民的消费支出为 8 亿美元，投资支出为 1 亿美元，间接税为 1 亿美元，政府用于商品和劳务的支出为 1.5 亿美元，出口额为 2 亿美元，进口额为 1.8 亿美元，则下列正确的是_____。

    A. GNP 是 10.7 亿美元   B. GNP 是 9.7 亿美元

    C. NNP 是 10.7 亿美元   D. NNP 是 9.7 亿美元

6. 如果个人收入等于 5 000 元，而个人所得税等于 800 元，消费等于 3 600 元，利息支付为 100 元，个人储蓄是 500 元，那么他的个人可支配收入为_____。

    A. 5 000 元   B. 4 200 元   C. 4 100 元   D. 3 600 元

7. 按计算国民生产总值的支出法，应计入私人国内总投资的项目是_____。

    A. 个人购买的轿车   B. 个人购买的住房

    C. 个人购买的冰箱   D. 个人的住房租金

8. 假设 2000 年的名义 GDP 是 500 亿美元，如果 2007 年 GDP 的计算价格比基年翻了一番，并且实际产出比基年增加了 50%，则 2007 年的名义 GDP 为_____。

    A. 1 000 亿美元   B. 2 000 亿美元   C. 1 500 亿美元   D. 750 亿美元

9. 以下属于经济学上的投资的是_____。

    A. 企业增加一笔存货   B. 建造一座住宅

    C. 企业购买一台计算机   D. 以上都是

10. 宏观经济研究的基本问题不包括_____。

    A. 比亚迪汽车降价   B. 经济增长率

    C. 人均收入   D. 失业率

11. 今年的名义 GDP 大于去年的名义 GDP，说明_____。

    A. 今年物价水平一定比去年高了

    B. 今年生产的物品和劳务的总量一定比去年增加了

C. 今年的物价水平和实物产量水平一定都比去年提高了

D. 以上三种说法都不一定正确

12. 根据简单的消费函数，$C = a + b \cdot Y$，引起消费增加的因素主要是_____。

A. 价格水平下降　B. 收入水平增加　　C. 储蓄增加　　　　D. 利率增加

13. 根据储蓄函数，引起储蓄增加的因素是_____。

A. 收入增加　　　　　　　　　　B. 利率提高

C. 人们预期未来的价格水平要上升　D. 政府支出增加

14. 当消费函数为 $C = 3 + 5Y$，这表明平均消费倾向_____。

A. 大于边际消费倾向　　　　　　B. 小于边际消费倾向

C. 等于边际消费倾向　　　　　　D. 以上三种情况都可能

15. 假定其他条件不变，厂商投资增加将引起_____。

A. 国民收入增加，但消费水平不变。

B. 国民收入增加，同时消费水平提高。

C. 国民收入增加，但消费水平下降。

D. 国民收入增加，储蓄水平下降。

三、多项选择题（每一小题都有至少两个正确选项，把正确选项填写在对应横线上。）

1. 下列各项中，能计入 GDP 的有_____。

A. 出口到国外的一批货物　　　　B. 家庭主妇的家务劳动折合价值

C. 为他人提供服务所得的收入　　D. 购买一座房屋所支付的费用

2. 在下列情况中，不应该计入当年国民生产总值的是_____。

A. 当年生产的计算机

B. 去年生产而在今年销售出去的计算机

C. 张三去年购买而在今年转让给他人的计算机

D. 某计算机厂商当年计划生产的计算机

3. 以下命题正确的是_____。

A. 国民生产净值减直接税等于国民收入

B. 国民生产净值加折旧等于国民生产总值

C. 个人收入等于个人可支配收入加个人所得税

D. 国民收入加间接税等于国民生产净值

4. 国民收入变动的一般规律是_____。

A. 投资增加，国民收入增加　　　B. 投资减少，国民收入减少

C. 政府支出增加，国民收入增加　D. 政府支出减少，国民收入减少

5. 下列选项中_____会使收入水平增加。

A. 自发性支出增加　　　　　　　B. 自发性税收下降

C. 自发性转移支付增加　　　　　D. 净税收增加

四、计算题

1. 根据表 10.1，按支出计算国民生产总值 GNP。

表 10.1　　　　　　　　　　　　　支出情况表

项目	金额（亿元）	项目	项目金额（亿元）
耐用品支出	318.4	劳务	1 165.7
厂房与设备支出	426	进口	429.9
政府购买支出	748	公司利润	284.5
工资和其他补助	2 175.7	出口	363.7
所得税	435.1	居民住房支出	154.4
非耐用品支出	858.3	企业存货净变动额	56.8

2. 如果某一年份某国的最终消费为 8 000 亿美元，国内私人投资的总额为 5 000 亿美元（其中 1 000 亿美元为弥补当年消耗的固定资产），政府税收为 3 000 亿美元（其中间接税为 2 000 亿美元），政府支出为 3 000 亿美元（其中政府购买为 2 500 亿美元、政府转移支付为 500 亿美元），出口为 2 000 亿美元，进口为 1 500 亿美元。根据以上数据计算该国的 GNP、NNP、NI、PI 与 DPI。

3. 设有下列经济模型：$Y=C+I+G$，$I=20+0.15Y$，$C=40+0.65Y$，$G=60$。
试求：（1）边际消费倾向及边际储蓄倾向；
（2）Y、C、I 的均衡值；
（3）投资乘数为多少？

4. 已知：边际消费倾向为 0.8，边际税收倾向为 0.15，政府购买支出和转移支付各增加 500 亿元。
试求：（1）政府购买支出乘数；
（2）转移支付乘数；
（3）政府支出增加引起国民收入增加额；
（4）转移支付增加引起的国民收入增加额。

五、简答题

1. 以下每小题中的两种情况应分别计入 GDP 的哪部分？

（1）甲企业为经理买一辆小汽车；

甲企业给经理发一笔奖金让他自己买一辆小汽车。

（2）乙公民购买本国产品进行消费；

乙公民购买进口产品进行消费。

2. 有时候一些西方经济学家断言，将一部分国民收入从富者转给贫者，将提高总收入水平，你认为他们的理由是什么？

六、论述题

税收、政府购买和转移支付这三者对总支出的影响方式有何区别？

七、阅读材料

樊纲：中国储蓄率高并非偶然

中国人为什么消费水平低？是因为可支配收入低。中国农民是中国消费倾向最高、储蓄率最低的群体。可是农民消费水平低不是因为农民有钱不消费，而是因为农民没钱。中国的高储蓄率确有其因。人们常提到社保体制不健全，资本市场效率低，都是导致储蓄率过高的原因。

中国人可不可以少些储蓄、多些消费？中国的国民储蓄率高达50%以上，许多人包括国内经济学者，都在提出提高消费、降低储蓄的对策。在我看来，这些对策有许多在短期内似乎很难奏效，有些对策所依据的经济分析，也显得不那么可靠。

首先，中国的消费历来稳定增长，多年来一直稳定在8%至10%左右，现在则是12%以上。即使是GDP中的消费（即消费品增加的部分）增长，也在9%左右，与GDP的增长基本持平。过去几年GDP中消费比例过低、投资比例过高，不是因为消费增长下降了，而是由于投资增长过快，使投资在GDP中的比例扩大，把消费的比重挤小了。

其次，怎样才能使消费更快地增长？现在国际、国内有个流行说法，中国人消费品买得太少，不像美国人消费得那么多，仿佛只要中国人多消费一点，就可解决世界经济不平衡的问题了。可是中国的人均GDP只有1 000多美元，美国人均GDP接近4万美元，消费水平怎么可以相比？中国人消费水平低是因为可支配收入低。国人讲得最多的一句话是，中国农民的消费水平太低，因此中国的消费水平太低。可是农民已经把所有的收入都拿来消费了，孩子上学、寻医看病还没有着落。因此中国短期内的消费增长很难指望靠刺激农民消费来实现。农民收入的提高，是就业增长的问题，是整体经济增长的问题，包括投资增长、城市化的深入。

换个角度看，中国的高储蓄率确有其因。人们常提到社保体制不健全，资本市场效率低，是导致储蓄率过高的原因。这都是对的。但这两个问题的解决，在任何国家都需要几十年时间，不可能在近期内通过解决这些问题来提高消费。

我想强调另一重要原因，即收入差距较大而且还在继续扩大。目前在所有就业人员中，相当一部分是低收入阶层，要么是打工仔、蓝领，年收入平均仅万元左右；要么是还在农村的农民，每年仅3 000元。他们的消费倾向很高，储蓄率很低，但在整个经济中，他们收入所占的比重相对较低，每年新增GDP只有40%左右归这些低收入阶层所有，而且不是由于工资率提高，而是主要通过农村劳动力转移实现的。剩下60%的新增GDP被高收入群体所获，而这个群体消费倾向很低，平均下来，整体消费倾向很难提高。就是说，现在恐怕还不能进入国民消费倾向大幅提高的阶段，而要在今后几十年通过经济的持续增长方能解决。

中国的投资如果增长太快，全世界经济都会过热，不是好事。但在中国发展的这个阶段，投资和资本积累仍是增长的一个重要动力，也是中国实现城市化、工业化、现代化的必经之路。

我们的投资中有许多东西与消费密切相关。现在的投资中，超过20%是住房投资，这个部分还在增长，而这部分投资从本质上说是长期耐用品消费。再者，接近30%的投资是基础设施投资，而城市基础设施投资一大部分属于"公共消费品"。中国正在城市化初期，需要大量公共消费品的投资，现在私人消费大幅增长，但公共消费品缺乏，而公共消费品的提供，是将来私人消费增长的基础。

从这个意义上来讲，总计约60%的投资，是可持续的，是短期需要也是长期需要的。这意味着什么？不是消费不重要，不是不需要采取鼓励消费的政策，中国甚至应该特别鼓励高收入阶层多消费一点。但总体而言，这种政策效果是有限的，不能解决全部问题。我们仍需保持投资的一定规模的增长，40%、50%的高增长不行，20%左右的增长还是需要的。

所以，保持总需求各部分的稳定增长，不能只强调消费增长，出口、投资都要平衡稳定地增长。这样一个比较平衡的政策才符合现阶段中国的需要。

（文章来源：市场报，2006-12-15）

根据上述材料，思考下列问题：

1. 居民储蓄率高对宏观经济有哪些影响？

2. 提高人们的消费水平主要从哪些方面着手？

第十一章
总需求与宏观经济政策

一、名词解释

1. 利率效应

2. 实际余额效应

3. 货币幻觉

4. 流动性陷阱

5. 相机抉择

6. 法定准备金和法定准备率

7. 公开市场业务

8. 再贴现和再贴现率

9. 政府购买

10. 政府转移支付

11. 挤出效应

12. 自动稳定器

二、单项选择题（每一小题只有一个正确选项，填写在对应横线上。）

1. 总需求曲线 AD 是一条_____。
   A. 向右下方倾斜的曲线　　　　　　B. 向右上方倾斜的曲线
   C. 水平的直线　　　　　　　　　　D. 与横轴垂直的线

2. 总需求曲线表明_____。
   A. 总需求与利率之间的关系　　　　B. 总产出与利率之间的关系
   C. 收入与利率之间的关系　　　　　D. 国民收入与价格水平之间的关系

3. 当经济中存在失业时，应该采取的财政政策是_____。
   A. 增加政府支出　　　　　　　　　B. 提高个人所得税
   C. 提高公司所得税　　　　　　　　D. 增加货币发行量

4. 经济过热时，应采取的财政政策是_____。
   A. 增加财政支出　　　　　　　　　B. 扩大财政赤字
   C. 减少政府支出　　　　　　　　　D. 减少税收

5. 扩张性货币政策将导致_____。
   A. 增加货币供给量，利率提高　　　B. 减少货币供给量，利率降低
   C. 增加货币供给量，利率降低　　　D. 减少货币供给量，利率提高

6. 制定并实施货币政策的机构是_____。
   A. 财政部　　　　B. 中央银行　　　　C. 商业银行　　　　D. 中央政府

7. 公开市场业务是指_____。
   A. 商业银行的信贷活动　　　　　　B. 中央银行增减对商业银行的贷款
   C. 中央银行买卖政府债券的活动　　D. 中央银行增减货币发行量

8. 对利率反应最敏感的是_____。
   A. 货币的交易需求　　　　　　　　B. 货币的谨慎需求
   C. 货币的投机需求　　　　　　　　D. 以上三项对利率的敏感程度相同

9. 在其他条件相同的情况下，以下_____属于紧缩性政策。
   A. 降低贴现率　　　　　　　　　　B. 中央银行出售政府债券
   C. 增加货币发行量　　　　　　　　D. 降低法定准备金率

10. 假设价格水平不变，下列_____正确描述了货币政策影响产出的过程。
    A. 货币供给增加使得利率上升，投资增加，从而总支出和产出增加
    B. 货币供给增加使得利率下降，投资增加，从而总支出和产出增加

C. 货币供给增加使得利率上升，投资减少，从而总支出和产出减少

D. 货币供给增加使得利率下降，投资减少，从而总支出和产出减少

11. 中央银行在公开市场上卖出政府债券的目的是_____。

　　A. 筹集资金帮助政府弥补财政赤字

　　B. 减少商业银行在中央银行的存款

　　C. 通过买卖价差来谋求利益

　　D. 减少流通中的货币以紧缩货币供给

12. 总需求曲线向右下方倾斜是由于_____。

　　A. 价格上升时，消费会减少　　　　B. 价格上升时，投资会减少

　　C. 价格上升时，净出口会减少　　　D. 以上几个因素都是

13. 以下关于总需求曲线的命题正确的是_____。

　　A. 当其他条件不变时，政府支出减少会使总需求曲线右移

　　B. 当其他条件不变时，价格水平上升会使总需求曲线左移

　　C. 当其他条件不变时，税收减少会使总需求曲线左移

　　D. 当其他条件不变时，货币供给增加会使总需求曲线右移

14. 假定经济实现充分就业，总供给曲线是一条垂直的线，则减免税收将_____。

　　A. 提高价格水平和实际产出　　　　B. 提高价格水平但不影响实际产出

　　C. 提高实际产出但不影响价格水平　D. 对价格水平和产出均无影响

15. 以下选项中_____将使总需求曲线向左移动。

　　A. 减少税收　　B. 增加政府支出　　C. 减少投资　　　D. 增加投资

三、多项选择题（每一小题都有至少两个正确选项，把正确选项填写在对应横线上。）

1. 总需求的构成包括_____。

　　A. 居民的消费　　B. 企业的投资　　C. 政府购买支出　　D. 净出口

2. 属于紧缩性财政政策的是_____。

　　A. 减少政府支出　B. 增加税收　　C. 增加政府支出　　D. 减少税收

3. 扩张性财政政策的一般效应为_____。

　　A. 消费需求增加　B. 投资需求增加　C. 总需求增加　　D. 总需求减少

4. 中央银行具有的职能是_____。

　　A. 制定货币政策　　　　　　　　　B. 发行货币

　　C. 为政府创造利润　　　　　　　　D. 代理政府发行或购买政府债券

5. 中央银行扩大货币供给的手段是_____。

　　A. 降低法定准备率　　　　　　　　B. 降低再贴现率

　　C. 公开市场业务买入国债　　　　　D. 向商业银行卖出国债

四、简答题

1. 导致总需求曲线变动的因素主要有哪些？

2. 简述货币政策的三大工具及其具体实施。

五、论述题

什么是斟酌使用的财政政策和货币政策？

六、阅读材料

各国应对金融危机救市措施

（2008 年 11 月 4 日）

为了更好地应对金融危机，近两天来一些国家积极出台了新的举措并加强了合作，但金融风暴的影响已经不可避免地从虚拟经济向实体经济扩散，全球经济面临的滑坡风险日益加大。

美国联邦储备委员会22 日宣布，从本月 23 日开始，商业银行超额存款准备金支付的利率将从现有的 0.75% 提高到 1.15%。

在巴基斯坦和白俄罗斯两国因金融状况恶化向国际货币基金组织求助后，国际货币基金组织总裁卡恩 22 日在华盛顿表示，将向这两个国家提供贷款以应对金融危机。

巴西政府 22 日宣布允许国有大银行收购受到金融危机影响的银行和房地产公司。巴西财政部长曼特加表示，金融危机已影响到部分金融机构和房地产公司，但巴西总体经济形势“还是平稳的”。

沙特阿拉伯货币局（中央银行）21 日起向本国银行以贷款形式注入近 30 亿美元，以保证其流动性充足。

土库曼斯坦总统别尔德穆哈梅多夫 22 日表示，土库曼斯坦将利用国家财政预算盈余设立一项稳定基金，以遏制全球金融危机对该国经济的负面影响。

令人担心的是，虽然各国的救市措施层出不穷，世界经济陷入衰退的趋势却日益明显。英国首相戈登布朗 22 日表示，全球经济下行可能导致英国经济出现衰退。布朗认为衰退可能袭击美国、法国、意大利、德国、日本和英国。

瑞士最大银行瑞银集团 22 日在一份报告中预测，美国和欧洲将成为全球经济滑坡的"重灾区"。2009 年美国、英国和欧元区国家的国内生产总值将呈现不同程度的下降。受此拖累，2009 年全球经济增长率将从 2008 年的 3.7%下降至 2.4%。

根据上述材料，思考下列问题：

1. 金融危机期间，人们可以采取哪些措施来应对危机？

2. 各国的救市措施分别会产生什么样的影响？

3. 你对政府应对危机的政策有何建议？

第十二章
总供给与经济增长

一、名词解释

1. 总供给

2. 长期

3. 短期

4. 工资价格"刚性"

5. 经济增长

6. 经济发展

7. 稳定状态

二、单项选择题（每一小题只有一个正确选项，填写在对应横线上。）

1. 假设经济已经实现了充分就业且总供给曲线是垂直线，扩张性货币政策效应是_____。

　　A. 提高价格水平和实际产出

B. 提高价格水平但不影响实际产出

C. 提高实际产出但不影响价格水平

D. 对价格水平和产出均无影响

2. 技术进步将会导致_____。

A. 短期总供给曲线和长期总供给曲线都向右移

B. 短期总供给曲线和长期总供给曲线都向左移

C. 短期总供给曲线右移，长期总供给曲线不变

D. 短期总供给曲线不变，长期总供给曲线右移

3. 在以价格为纵坐标，收入为横坐标的坐标系中，长期总供给曲线是一条_____。

A. 与横轴平行的线　　　　　　　B. 向右上方倾斜的线

C. 向右下方倾斜的线　　　　　　D. 与横轴垂直的线

4. 当_____时，长期总供给曲线存在。

A. 产出水平是由劳动力供给等于劳动力需求的就业水平决定

B. 劳动力市场的均衡不受劳动力供给曲线移动的影响

C. 劳动力需求和劳动力供给对价格水平的变化做出调整

D. 劳动力市场的均衡不受劳动力需求曲线移动的影响

5. 潜在国民生产总值是指_____。

A. 一国居民在特定时期内生产的所有物品和劳务的货币价值总和

B. 如果劳动和资本设备得到充分利用的情况下，一国居民在特定时期内所能生产的物品和劳务的货币价值总和

C. 一国居民在特定时期内生产的所有物品和劳务的货币价值根据价格变化调整过的数值总和

D. 一国居民在特定时期内生产的所有物品和劳务的货币价值总和扣去折旧的部分

6. 经济增长的标志是_____。

A. 失业率的下降　　　　　　　　B. 先进技术的广泛应用

C. 社会生产能力的不断提高　　　D. 城市化速度加快

7. 经济增长在图形上表现为_____。

A. 生产可能性曲线内的某一点向曲线上移动

B. 生产可能性曲线向外移动

C. 生产可能性曲线外的某一点向曲线上移动

D. 生产可能性曲线上某一点沿曲线移动

8. 下列各项中属于生产要素供给的增长的是_____。

A. 劳动者教育年限的增加　　　　B. 实行劳动专业化

C. 规模经济　　　　　　　　　　D. 电子计算机的迅速应用

9. 为了提高经济增长率，可以采取的措施是_____。

A. 加强政府的宏观调控　　　　　B. 刺激消费水平

C. 减少工作时间　　　　　　　　D. 推广基础科学及应用科学的研究成果

10. GNP 是衡量经济增长的一个极好指标，是因为_____。

A. GNP 以货币表示，易于比较

B. GNP 的增长总是意味着已发生的实际经济增长

C. GNP 的值不仅可以反映一国的经济实力，还可以反映一国的经济福利程度

D. 以上说法都对

三、多项选择题（每一小题都有至少两个正确选项，把正确选项填写在对应横线上。）

1. 在以价格为纵坐标，收入为横坐标的坐标系中_____。

   A. 水平的直线被称为长期总供给曲线

   B. 水平的直线被称为短期总供给曲线

   C. 垂直的直线被称为长期总供给曲线

   D. 向右上方倾斜的曲线被称为短期总供给曲线

2. 按照总需求—总供给模型，总供给减少会使均衡国民收入减少，这种情形的总供给曲线可能是_____。

   A. 短期总供给曲线　　　　　　B. 长期总供给曲线

   C. 向右上方倾斜的总供给曲线　D. 垂直的总供给曲线

3. 经济增长的原因包括_____。

   A. 资本的积累　　　　　　　　B. 劳动力素质的提高

   C. 资源更有效配置　　　　　　D. 技术进步

4. 总供给曲线左移可能是因为_____。

   A. 其他情况不变而厂商对劳动需求增加

   B. 其他情况不变而所得税增加了

   C. 其他情况不变而原材料涨价

   D. 其他情况不变而劳动生产率下降

5. 下列各项中_____属于生产要素供给的增长。

   A. 投资的增加　　　　　　　　B. 就业人口的增加

   C. 人才的合理流动　　　　　　D. 教育事业不断发展

四、简答题

1. 简述总供给曲线的特征。

2. 导致总供给曲线变动的因素主要有哪些？

五、论述题

你认为，在刺激劳动力投入的政策、教育科研政策、人口控制政策、财政政策、货币政策中，哪一项会影响长期经济增长率？为什么？

六、阅读材料

经济增长并不等于经济社会发展

造成"经济增长越快，发展差距越大"的根源在于我们把经济增长等同于经济社会发展。差距的产生正是实现共同富裕的新起点，我们是在差距的起点上面向未来的共同富裕。能否加快发展观的转变，首先取决于能否建立科学的政绩考核标准和政绩考核制度。

党的十六届六中全会认为，目前，我国社会总体上是和谐的。但是，也存在不少影响社会和谐的矛盾和问题。那么，在"不少影响社会和谐的矛盾和问题"中，什么是主要的呢？"很不平衡"的发展是影响社会和谐的主要矛盾和问题。综观中国经济社会发展，不难看到：20多年的改革开放，使中国经济以年均9%以上的速度持续增长，创造了连续20多年保持高速增长的世界奇迹，为建设全面小康社会奠定了坚实的经济基础；同时，这个发展很不平衡，也可以理解为"各地各社会群体阶层受益很不均衡"。正因为"发展很不平衡"，中国形成了明显的城乡差距、地区差距和贫富差距，且这些差距呈愈来愈大的趋势。照这样的惯势推进，即使发展惠及全社会各个群体，由于起点不同，都以同样的增速增长，这样的发展，仍会是"经济增长越快，发展差距越大"。所以，"很不平衡"的发展，即"经济增长越快，发展差距越大"，必将离改革发展的预期目标更远，危及以"社会公正"为制度本质特征的底线。"很不平衡"的发展，是影响社会和谐的主要矛盾和问题。

造成"经济增长越快，发展差距越大"这对矛盾的根源在于我们把经济增长等同于经济社会发展。经济增长无疑是经济社会发展的基本点，是促进经济社会发展最核心的动力和最重要的方式。但是，经济增长并非经济社会发展。仅就经济增长与经济发展的关系看，经济发展要顾及可持续性、经济结构的调整和产业升级以及要就业、消费、分配等一系列社会需要。可见，如果经济增长不顾及可持续性，不顾及结构和产业的优化，不顾及社会需要，必将出现与经济规律、与社会规律断裂的危险。

在过去工作中，我们自觉不自觉地把经济增长等同于经济社会发展，甚至将"经济增长"放在首位。由此，我们过多地强调"效率优先"，过多地在配置制度创新资源、体制创新资源和其他社会资源、自然资源时向可能产生最大效益的地方和群体倾斜，这样的倾斜不可避免地伤害社会公正。贫富差距、城乡差距、地区差距的拉大几乎与经济增长的速度同步，影响社会和谐的因素也在增大。

构建和谐社会，重在转变发展观。既然导致差距增大、影响社会和谐的根源是"经济增长等同于经济社会发展"，那么，要最大限度地增加和谐因素，最大限度地减少不和谐因素，不断促进社会和谐，我们首先就要转变发展观念，树立和落实科学发展观。

能不能加快发展观的转变，能不能树立和落实新的科学发展观，首先取决于我们能否建立科学的政绩考核标准和政绩考核制度。六中全会提出的到 2020 年构建社会主义和谐社会的目标和主要任务，充分体现了"更加注重社会公正"。先有社会公正，才有社会和谐。新目标、新任务、新的政绩要求，体现了指导思想上从"兼顾公平"到"更加注重社会公正"的转变，是对传统发展观所依存的政绩观釜底抽薪。

过去，我们把经济增长放在突出位置，是基于起步阶段的实际需要。改革是循序渐进的，先试点后铺开；发展也是循序渐进的，以点带面。所以，对资源的配置和对收益的分配必须贯彻"效率优先，兼顾公平"的原则。如此，差距必然产生并逐渐扩大。并且，从改革发展的总体部署上看，差距的产生正是实现共同富裕的新起点———让一些地方先发展起来，让一些人先富起来。改革发展中出现的差距矛盾、差距问题都是不可避免的阶段性矛盾和问题。我们绝不能放大改革发展中的矛盾和问题。我们是在差距的起点上面向未来的共同富裕。

构建和谐社会所需要的发展观，是经济增长能够促进社会和谐的发展观。随着六中全会精神的贯彻落实，"发展很不平衡"的格局必将出现重大变化，中国社会必将更加和谐。

（来源：四川日报，2006-10-19）

根据上述材料，思考下列问题：

1. 经济增长与社会发展之间有何联系？

2. 你认为我们应当追求什么样的经济增长？

3. 联系现实情况，你所在的地区要如何实现经济增长和社会发展？

第十三章
失业和通货膨胀

一、名词解释

1. 失业

2. 周期性失业

3. 充分就业

4. 摩擦性失业

5. 通货膨胀

6. 菲利普斯曲线

二、单项选择题（每一小题只有一个正确选项，填写在对应横线上。）

1. 工资的增长率超过劳动生产率所引起的物价上涨，属于_____。

    A. 需求拉上型通货膨胀   B. 成本推动型通货膨胀

    C. 结构性通货膨胀   D. 混合型通货膨胀

2. 通货膨胀是货币的一种非均衡状态，当观察到_____现象时，就可以认为出现了通货膨胀。

    A. 某种商品价格上涨   B. 有效需求小于有效供给

C. 一般物价水平的持续上涨　　　　　　D. 太少的货币追逐太多的商品

3. 通货膨胀可以按照其成因分为很多类型，_____所引发的通货膨胀称为需求拉上型通货膨胀。

　　A. 因预期成本增长而导致的消费支出增长

　　B. 因实际成本增长而导致的消费支出增长

　　C. 因扩张性财政货币政策而导致的消费支出增长

　　D. 因工会活动而导致的工资增长

4. 通货膨胀是_____条件下的特有经济现象。

　　A. 商品经济　　　　B. 货币流通　　　　C. 资本主义　　　　D. 纸币流通

5. 由于市场信息不完全和工作交换而引起的失业属于_____。

　　A. 季节性失业　　B. 摩擦性失业　　　C. 结构性失业　　　D. 周期性失业

6. 由于经济衰退导致需求不足而引起的失业属于_____。

　　A. 季节性失业　　B. 摩擦性失业　　　C. 结构性失业　　　D. 周期性失业

7. 物价水平年平均上涨在3%以内的通货膨胀属于（　　）。

　　A. 爬行式通货膨胀　　　　　　　　　B. 温和的通货膨胀

　　C. 奔腾式通货膨胀　　　　　　　　　D. 恶性通货膨胀

8. 导致通货膨胀的最根本的原因是_____。

　　A. 货币供应太多　　B. 商品太少　　　C. 纸币流通　　　D. 物价上涨

9. 我国统计部门计算和公布的就业和失业水平方面的指标是_____。

　　A. 自然失业率　　B. 城镇失业率　　C. 城镇登记失业率　　D. 失业率

10. 下列关于失业说法正确的是_____。

　　A. 当社会存在未就业人口时就意味着存在失业

　　B. 充分就业是指所有人均已就业的理想状态

　　C. 自然失业是经济中难以避免的原因引起的失业

　　D. 存在自然失业意味着尚未实现充分就业

11. 失业率的计算公式是_____。

　　A. 失业率=失业人口总数/就业人口总数

　　B. 失业率=失业人口总数/劳动力总数

　　C. 失业率=失业人口总数/成年人口总数

　　D. 失业率=失业人口总数/全国总人口数

12. 奥肯定律指出_____之间存在反向数量关系。

　　A. 经济增长率与失业率　　　　　　B. 经济增长率与通货膨胀率

　　C. 失业率与通货膨胀率　　　　　　D. 失业率与工资增长率

13. 菲利普斯曲线在短期内表现为一条_____。

　　A. 向右上方倾斜　　　　　　　　　B. 向右下方倾斜

　　C. 垂直于坐标横轴　　　　　　　　D. 平行于坐标横轴

14. 如果政府把治理通货膨胀作为当前的政策目标的话，根据菲利普斯曲线可知，可能导致_____。

　　A. 就业率会上升　　　　　　　　　B. 失业率会上升

　　C. 经济会高速增长　　　　　　　　D. 价格总水平会上升

15. 按照通货膨胀的严重程度，西方国家将通货膨胀率在 10% 以内的通货膨胀称为_____。

    A. 温和的通货膨胀   B. 加速的通货膨胀

    C. 恶性的通货膨胀   D. 超速的通货膨胀

16. "失业与空缺"并存的情况是出现在_____中。

    A. 季节性失业   B. 摩擦性失业

    C. 结构性失业   D. 周期性失业

17. 奥肯定律说明了失业率每增加 1%，则实际国民收入减少 2.5%。在美国这种比例关系_____。

    A. 始终不变

    B. 在不同时期会有所不同

    C. 只适用于经济实现了充分就业时的状况

    D. 以上均不对

18. 可以称为温和的通货膨胀的情况是指_____。

    A. 通货膨胀率以每年 1% 的速度增长

    B. 通货膨胀率在 10% 以上

    C. 通货膨胀率一直保持在 20%~30% 水平

    D. 通货膨胀率处于 5%~10% 水平

19. 今年的物价水平是 180，去年的通货膨胀率为 20%，去年的物价水平是_____。

    A. 140   B. 150   C. 160   D. 216

20. 利润推动通货膨胀的根本原因是_____。

    A. 工会的垄断   B. 厂商的垄断   C. 政府的垄断   D. 市场的完全竞争

三、多项选择题（每一小题都有至少两个正确选项，把正确选项填写在对应横线上。）

1. 在一定的年龄内的人可能因为下列原因之一而成为失业者_____。

    A. 没有工作并愿意工作   B. 当前可以工作并正在积极寻找工作

    C. 每天工作半天，休息半天   D. 在自己家中从事家务劳动

2. 自然失业是不可避免的失业，它包括_____。

    A. 摩擦性失业   B. 结构性失业   C. 季节性失业   D. 周期性失业

3. 周期性失业是由于需求不足的原因造成的，而造成需求不足的原因主要是_____。

    A. 心理上的边际消费倾向递减规律：随着收入增加，在增加的收入中，消费增加的比重越来越小

    B. 资本的边际效率递减规律：预期利润率与利息率之间差额的减小使得投资需求减小

    C. 流动性偏好：人们喜欢以货币形式保持一部分财富导致投资需求不足

    D. 消费者收入的减少

15.5%，这意味着银根进一步紧缩，商业银行的派生货币的能力大大降低，流通中的货币也会大大减少。

分析：

1. 结合材料一，你认为此次物价上涨的客观原因是什么？

2. 透过现象看本质，你认为通货膨胀本质上是由什么原因引起的？

3. 结合材料二，你认为央行采取加息政策的目的是什么？

4. 你认为流通中的货币量由哪些因素决定？

七、阅读材料

"奥肯定律"在中国碰壁

为什么国内近年来经济持续快速增长，就业问题反倒突出了？这是我们思考的起点。

1962 年，美国经济学家阿瑟·奥肯提出了著名的"奥肯定律"——"劳动力需求的水平，在动态意义上主要决定于经济增长。经济增长速度快，对劳动力的需求量相对较大，就业岗位增加，就业水平高，失业率低；经济增长速度慢，对劳动力的需求量相对较少，就业水平低，失业率高。"

根据国外经济高速发展阶段的经验看，经济高速增长一般都是伴随着充分就业。像日本及亚洲其他一些国家和地区经济高速发展的时候，他们都在长达 20 年甚至更长时间地维持了充分就业。但是国内近年来却出现了一种反常：经济高速增长的同时，带动就业能力不仅没有上去，反而呈现出一种下降的趋势。

1985—1990 年，全国 GDP 年平均增长率为 7.89%，同期就业人口平均增长率为 2.61%；1991—1995 年，GDP 平均增长率为 11.56%，同期就业人口年增长率为 1.23%；1996—1999 年，GDP 年平均增长率为 8.30%，同期就业人口年平均增长率为 0.96%。

再从整个 20 世纪 90 年代来看，我国 GDP 每增长一个百分点，大概能够带动 120 万就业岗位的增加；但是进入到 20 世纪 90 年代后期，GDP 每增加一个百分点，大概只增加了 80 万不到的就业岗位。在国外得到普遍认同的"奥肯定律"在国内出现了变异。

就业为什么会成为问题呢？

我国的经济发展与其他国家和地区的最大不同在于，工业化的很大部分是在村子里分散地发生，这个特点不仅反映在产业选择上，更主要反映在空间选择上。村子里的就地工业化呈分散势态，人口稀少之处的工业生产行为，难以支撑第三产业规模。第三产业发展不起来，就会影响消费需求的拉动。因此我们目前面对的情况正是工业化和城市化的脱节，造成了人口主体在农村，而消费主体在城市，这也正是阻碍就业的最大因素。

一、发生在村子里的工业化

事例

几年前记者去浙江采访。在离某县城60公里的一个当地人口不过40户的村落里，散布着大大小小七八家企业，外地务工人员有100多人。但整个村里基本没有什么像样的服务设施，一到休息时间，成群结队的农民工就坐1个多小时的车到县城里去，买衣服、理发、看电影、下餐馆，等等。也有相当一部分人很少进城，存下钱全部寄回老家去。

这些企业有的是从20世纪90年代初就开办的，有的是近几年发展起来的，但由于这种远离城镇造成的高成本运作，使得企业发展受到极大限制。以前村里还有发展得比较快的一些中型企业，现在大多已经搬迁到县城附近的开发区，留下来这几家企业也准备陆续搬离。

成都也不乏此例。一家规模不小的纸业公司当年在一个郊县开办时，"周围没有公路，机械设备和生产原料都是从机耕道运进来。职工要想回成都，路上就要3个多小时。生产生活不方便，人才也很难引进。"回忆起当年那种城乡差别巨大的生活，公司总经理开玩笑说："我们的厂区完全就是农村，所以我相当于一个'村主任'。"

背景

根据有关资料，我国乡镇企业80%设在村落，12%设在集镇，7%设在建制镇，1%设在县城。"村村办厂，户户冒烟"曾被看成促进农民增收、解决充分就业和工业化发展的典范，广东、江浙一带的家庭式作坊也一度风靡全国。发展到现在，我国农村中的工业部门的产值，大约已经占整个工业总产值的50%。这就是说，在过去的20年，我国工业化的很大一部分是在村子里发生。

在很长一段时间内情况似乎非常乐观。但随着越来越多的农民离开土地，这种发生在农村的工业化的弊端逐渐显露出来，形成了一种城乡分离的二元结构，工业的发展与城市化发展脱节。

观点

中国城市规划设计研究院副总规划师赵燕菁认为，就业问题对于我国来说，更重要的是长期被大家忽略的空间政策问题，亟须从城市规划和空间政策的角度提出相应对策。在我国目前的人均收入水平上，一般国家的服务业比重应该是55%左右，而我国只有35%。东南亚、东亚一些国家在我国现在的经济发展水平时，每一个工业人口就业大概能带来3个服务业人口的就业，而我国现在仅为1∶1。对此他得出一个结论：如果这个差异主要是由于空间分布特征不同导致的，那么假设我国工业生产（第二产业）效率完全不变、没有任何增加，仅仅通过空间上的调整，就可以把就业提高一倍。

二、低效率的消费

事例

近年来川西北大山区成为很多城市人旅游的乐园。当地人住的房子没有城里的舒适，生活条件也有不少的差距，但当地人是不是就很穷呢？记者曾在一个村子里与几户牧民交谈过，每户人基本都有几十头牦牛和数量可观的羊，如果把这些牛羊换成钱，可能比城镇里的贫困户要好得多。可为什么这些地方实际上还很贫困？一个非常重要的原因是牧民们不会把他们的牦牛、羊变成钱，因为钱在那些地方根本没用。除了少数旅游开发得早而且道路修得比较好的地方，大部分地区的牧民即使手里有钱，因为住得太分散也无法去买电视机。他们也不能去买摩托车，因为没汽油，没有维修站。

背景

经济学上有一个基本的定义——消费是生产的目的。

生产讲效率，消费也同样需要提高效率。由于地域分散和人口密度低而导致的自给自足的供给方式，不但限制了企业的发展和农民生活水平的提高，也使得第三产业进入的门槛过高而无法在当地增加就业人数。因此近年来已有不少经济学家提出，发展第三产业的前提就是人口在空间上有足够的密集度，改善人口空间分布，发展城乡一体、统筹推进的城市化将成为解决内需不足和充分就业的一个根本出路。

观点

"提高人口密度也许并不是提高消费效率的唯一手段，但却是提高消费效率的一个前提。如果大家住得分散，就根本不可能有高效率的消费。"赵燕菁称，要想把农民的潜在收入变成真实收入，一个非常重要的办法，就是改变国家的空间政策，鼓励农民有序进城、鼓励生产要素在空间上的聚集。如果做到这一点，潜在的需求自然会变成真实的需求

（资料来源：四川新闻网—成都商报，2006年4月3日）

根据上述材料，思考下列问题：

1. 我国就业形势日趋严峻的根源在哪里？

2. 如何理解我国失业率与经济增长率之间的关系？

3. 失业问题对经济、社会产生了哪些影响？

4. 针对我国现实，你认为应当如何提高就业率？

第十四章 开放经济

一、名词解释

1. 绝对优势分工理论

2. 比较优势分工理论

3. 要素禀赋论

4. 列昂惕夫之谜

5. 关税

6. 非关税壁垒

7. 国际金融

8. 国际收支

9. 汇率

10. 购买力平价

二、单项选择题（每一小题只有一个正确选项，填写在对应横线上。）

1. 按照比较优势理论，中国在国际贸易中获益主要依靠生产_____。
   A. 劳动密集型产品　　　　　　　　B. 资本密集型产品
   C. 技术密集型产品　　　　　　　　D. 能源产品

2. 配额与关税之间的差别在于：实行配额时，_____得到进口产品的供给价格与国内市场上产品的需求价格之间的差额。
   A. 进口国政府　　B. 有进口权的人　　C. 消费者　　　　D. 生产产品的企业

3. 在国际贸易的各种形式中，不属于产品和劳务流动的范畴的是_____。
   A. 对外直接投资　　B. 移民　　　　C. 进口原材料　　D. 聘请外国专家

4. 美元存款利率为每年2%，人民币存款利率为3%，那么根据利率平价，_____。
   A. 人们将把人民币兑换为美元存入银行
   B. 人们将把美元兑换成人民币存入银行
   C. 人们预期人民币会贬值
   D. 人们预期美元将会贬值

5. 如果2009年美国物价上升快于中国的物价上升水平，根据购买力平价理论，汇率（以人民币表示的美元价格）将会_____。
   A. 上升　　　　　B. 下降　　　　　C. 不变　　　　　D. 难以确定

6. 如果政府想要通过市场手段降低人民币对美元的汇率，那么就应当在公开市场上_____。
   A. 出售人民币　　B. 出售美元　　　C. 不采取行动　　D. 限制汇率

7. 国际贸易能够产生"双赢"结果，是指_____。
   A. 参与双方都能受益
   B. 具有先进技术的国家能够获得两项以上的好处
   C. 生产和消费总量都增加
   D. 资本和劳务支出都减少

8. 经济全球化的载体是_____。
   A. 国际贸易　　　B. 国际分工　　　C. 国际金融　　　D. 跨国公司

9. 政府限制国际贸易，尤其是减少进口的主要理由不包括_____。
   A. 增加财政收入　　　　　　　　　B. 增强经济独立性
   C. 扶持国内企业　　　　　　　　　D. 提高市场效率

10. 如果一国发行政府债券，人们是否购买主要取决于_____。
    A. 发行时间　　B. 发行债权总额　　C. 预期收益率　　D. 政治因素

三、多项选择题（每一小题都有至少两个正确选项，把正确选项填写在对应横线上。）

1. 政府常用的限制贸易的做法包括_____。

A. 征收高额关税　　　　　　　　B. 制定更高的质量标准

C. 减少进口配额　　　　　　　　D. 补贴国内产品

2. 支持贸易保护的理由包括_____。

A. 危害国家经济独立性

B. 面临不公平的国际贸易条件

C. 在所有产品的生产上都不具有绝对优势

D. 保护弱小的新兴民族产业

3. 第二次世界大战结束后，日本、欧洲和美国在汽车生产领域展开了激烈角逐，一方面，美国向欧洲和日本大量出口汽车；另一方面，美国也从这些国家大量进口汽车。其原因在于_____。

A. 这些国家的消费者具有相似偏好

B. 产品的生命周期决定了产业转移

C. 美国的制造业不再有优势了

D. 国际贸易没有规律可循了

4. 当今世界经济体制的"三大支柱"，即三大国际经济组织是指_____。

A. 世界银行　　　　　　　　　　B. 世贸组织

C. 联合国安理会　　　　　　　　D. 国际货币基金组织

5. 如果一个私人企业要向世界银行申请贷款，必须满足的条件包括_____。

A. 该企业所在国家是世界银行的成员国

B. 该企业得到了政府担保

C. 该企业申请贷款的用途是为了完成某项具体工程

D. 该企业将要进行的项目具有先进性和前瞻性

四、简答题和计算题

1. 汇率变动对国际贸易有什么影响？

2. 2008年3月，美元对人民币汇率的中间价约为1美元兑7元人民币，同期英镑对美元汇率的中间价约为1英镑兑1.5美元，问：

（1）人民币对英镑的价格大约是多少？

（2）如果英镑对人民币的价格为1英镑兑10元人民币，那么市场存在套利机会吗？

五、案例分析

金融危机引发新一轮贸易保护

2009 年，国际金融危机不仅让人们意识到金融风险规制的必要性，而且引发了新一轮的贸易保护高潮：

（1）"意大利人吃意大利食品"运动已从小城卢卡蔓延到了米兰等大城市；

（2）俄罗斯自 2008 年 11 月至 2009 年 2 月上旬已推出近 30 项保护主义性质措施，从提高汽车等多种商品进口关税到补贴本国出口，不一而足；

（3）继提高部分种类豆油进口关税之后，印度又于近期没有任何理由地宣布限制进口中国玩具；

（4）美国各地政府机构销售的"中国制造"纪念品和国旗已被指为"不爱美国"之举，美国众议院通过的《2009 美国复苏与再投资议案》设立"购买美国货"（Buy American）条款，要求这项议案计划的 900 亿美元基建投资受益项目不得使用美国之外生产的钢铁材料。

思考一下：

1. 根据你的理解，贸易保护政策可能带来什么影响？

2. 作为世界贸易中的出口大国，中国应该如何应对？

一、单项选择题（每一小题只有一个正确选项，填写在对应横线上。）

1. 下列各项不应计入 GDP 的项目是_____。

　　A. 购买手机的支出　　　　　　　　B. 企业购买一批办公设备的支出

　　C. 政府发给公务员的工资　　　　　D. 购买一辆二手车的支出

2. 若一条直线形的需求曲线与一条曲线型的需求曲线相切，则在切点处两曲线的需求价格弹性大小_____。

　　A. 相同　　　　　　　　　　　　　B. 不同

　　C. 可能相同也可能不同　　　　　　D. 依切点所在位置而定

3. 总效用曲线达到顶点时，_____。

　　A. 边际效用曲线达到最高点　　　　B. 边际效用为负

　　C. 边际效用为零　　　　　　　　　D. 平均效用最大

4. 投资函数主要反映的是_____之间的关系。

　　A. 投资与利率　　B. 投资与收入　　C. 投资与支出　　D. 投资与利润

5. 如果把全部支出都花在 X、Y 两种商品上，那么当 X 商品价格上升时，对 Y 的需求变化描述准确的是_____。

　　A. Y 与 X 互相替代，并且是正常商品时，Y 的需求一定增加

　　B. Y 与 X 互相替代，并且是低档品时，Y 的需求可能增加也可能减少

　　C. Y 与 X 互补，并且是奢侈品时，Y 的需求一定增加

　　D. Y 与 X 互补，并且是低档品时，Y 的需求一定减少

6. 假如其他条件不变，如果有消息称食用某种蔬菜可能导致健忘症，那么极有可能出现的市场结果是该种蔬菜的_____。

　　A. 供给曲线向左移动　　　　　　　B. 需求曲线向左移动

　　C. 供给曲线向右移动　　　　　　　D. 需求曲线向右移动

7. 市场需求曲线向右下方倾斜，表明_____。

　　A. 对于持续增加的每一单位商品，人们愿意支付更少的价格

　　B. 随着价格水平的上升，人们消费产品的数量增加

　　C. 无论如何，只要商品价格上升，其需求量就一定会减少

D. 在其他条件不变的情况下，商品的市场需求量与价格成反方向变化的关系

8. 设生产函数为 $Q=f(X)$，X 为投入要素，那么当平均产量最大时，有_____。

    A. 边际产量＝边际成本   B. 边际产量＝平均产量

    C. 平均产量＝平均成本   D. 边际收益＝边际成本

9. 纯公共物品的特点是具有_____。

    A. 竞争性、排他性   B. 竞争性、非排他性

    C. 非竞争性、非排他性   D. 非竞争性、排他性

10. 垄断竞争市场达到长期均衡时，_____。

    A. 企业获得垄断利润，市场价格高于现有技术下的最低价格，产量较高

    B. 企业获得正常利润，市场价格等于现有技术下的最低价格，产量较低

    C. 企业获得垄断利润，市场价格等于现有技术下的最低价格，产量较低

    D. 企业获得正常利润，市场价格高于现有技术下的最低价格，产量较高

11. 一般情况下，构成一国 GDP 中最大的组成部分的是_____。

    A. 消费支出   B. 投资支出   C. 政府购买支出   D. 净出口

12. 在中国，制定和运用货币政策调节经济总量的银行是_____。

    A. 中国人民银行   B. 中国银行

    C. 中国工商银行   D. 中国国家开发银行

13. 失业率是指_____。

    A. 失业人口占总人口的比重   B. 失业人口占总劳动人口的比重

    C. 失业人口占就业人口的比重   D. 失业人口占青年人口的比重

14. 均衡国民收入是指_____。

    A. 总需求大于总供给时的国民收入

    B. 总需求小于总供给时的国民收入

    C. 总需求等于总供给时的国民收入

    D. 一国当年生产的所有产品和劳务的市场价值的总和

15. 如果在中国年利率为 5%，在美国年利率为 8%，则人民币对美元的汇率值可以预期将会_____。

    A. 上升   B. 下降   C. 不变   D. 无法确定

二、多项选择题（每一小题都有至少两个正确选项，把正确选项填写在对应横线上。）

1. 关于企业成本的描述中，正确的是_____。

    A. 平均成本曲线通过边际成本曲线的最低点

    B. 边际成本曲线通过平均成本曲线的最低点

    C. 总成本等于固定成本加上可变成本

    D. 平均成本是每增加一单位商品所增加的成本

2. 在经济萧条时期，政府可能采取的宏观政策是_____。

    A. 卖出政府债券，使得货币回笼   B. 减税

    C. 增加政府购买   D. 增加政府转移支付

3. 宏观经济政策的目标包括_____。

A. 充分就业　　　B. 物价稳定　　　　C. 经济持续增长　　　D. 国际收支平衡

4. 具有"内在稳定器"作用的财政政策主要是指_____。

A. 个人所得税　　B. 企业所得税　　　C. 各种转移支付　　D. 政府购买

5. 在一段时间内，经理发现某一种蛋糕的销量明显上升，其原因可能是_____。

A. 该蛋糕在促销商品之列，价格下降

B. 店里的面包因为某种原因都涨价了

C. 经过一段时间的宣传，该蛋糕的口味受到越来越多人的喜爱

D. 附近的蛋糕店在歇业装修中

三、简答题

1. 请简要说明总支出和总需求之间的联系和区别。

2. 运用供求理论简要说明"谷贱伤农"的道理或"丰收悖论"，分析政府对农产品实行支持价格对市场结果的影响。

3. 为什么垄断企业没有供给曲线？

4. 什么是市场失灵？其主要原因是什么？

四、计算题

1. 某公司估计其产品的需求价格弹性为1.2，需求收入弹性为3，当年的销量为80万单位。据悉，下一年居民实际收入将增加10%。通过计算回答下列问题：

（1）如果公司提价5%，预计销售量是多少？

（2）如果公司希望销售量增加 5%，其价格应当如何调整？调整多少？

2. 已知企业的边际成本函数为 $MC = 15Q^2 + 8Q + 8$，且当产量 $Q = 4$ 时，厂商的总成本 $TC = 800$。求厂商的总成本（TC）、平均成本（AC）、可变成本（VC）和平均可变成本（AVC）的函数形式。

五、分析讨论题

资料

（1）2008 年全国普通高校毕业生将达到 559 万人，比上年增加 64 万人。中华英才网 2008 年 11 月一项对 1 000 多名 2008 届毕业生调查显示，有 78.2% 的人还在找工作的过程当中，除了继续深造的，仅有 12.1% 的学生成功就业。

（2）据广州火车站提供的最新数据，2008 年 10 月 11 日至 27 日，广州站共发送旅客 117.4 万人，同比增长了 12.9 万人，其中很大一部分增量就来自返乡民工。另据统计显示，2008 年上半年，全国有 6.7 万家规模以上的中小企业倒闭。

（3）据统计，上海现在有专业物流公司 6 000 多家，加上电子商务、大型超市等相关企业共 40 万家，根据业内人士的估算，上海需要几十万物流人才，需求远大于供给。随着上海深水港建设项目的启动和世博会的逐渐临近，物流人才的需求会更加迫切，物流人才的培养已经被纳入到"上海紧缺人才培训工程体系"中。

近年来失业问题成为困扰我们经济发展的一大障碍，结合你对现实的理解，谈谈失业的影响以及形成原因，你有什么解决失业问题的建议？

一、单项选择题（每一小题只有一个正确选项，填写在对应横线上。）

1. 看电影的机会成本是指_____。

   A. 买电影票花钱

   B. 看电影所花的时间的价值

   C. 如果不用花钱，机会成本就为零

   D. 所花全部资源的其他可能用途的最高收益

2. 根据储蓄函数，引起储蓄增加的因素是_____。

   A. 企业成本提高   B. 个人收入增加

   C. 企业利润减少   D. 政府税收增加

3. 下列各项中属于中央银行运用货币政策抑制通货膨胀措施的是_____。

   A. 增加政府支出   B. 减少政府支出

   C. 降低法定准备率   D. 提高法定准备率

4. 下面对公共品的描述中，不准确的是_____。

   A. 增加一个消费者的边际成本为零   B. 由公共部门提供的产品

   C. 具有非排他性和非竞争性的商品   D. 私人企业无法提供或者不能正确定价

5. 如果某种产品的生产存在外部不经济，那么它的产量_____帕累托最优产量。

   A. 小于   B. 大于   C. 等于   D. 无法确定

6. 成功的商品广告一般会使得产品的_____。

   A. 供给曲线向左移动   B. 需求曲线向左移动

   C. 供给曲线向右移动   D. 需求曲线向右移动

7. 技术进步一般会导致产品的_____。

   A. 供给曲线向左移动   B. 需求曲线向左移动

   C. 供给曲线向右移动   D. 需求曲线向右移动

8. 如果一种商品缺乏价格弹性，那么商品价格上升10%会导致需求量_____。

   A. 下降10%   B. 上升10%

   C. 以小于10%的幅度下降   D. 以大于10%的幅度下降

9. 高于均衡价格的下限管制可能会导致_____。

    A. 短缺　　　　　　B. 过剩　　　　　　C. 产品价格上升　　D. 产品价格下降

　　10. 价格下降的替代效应之所以会引起消费者对该种商品消费的增加是因为_____。

    A. 这种商品相对于其他商品价格下降

    B. 这种商品相对于其他商品价格上升

    C. 现在消费者的实际财富增加

    D. 价格的变化引起购买力的下降

二、判断题（判断为正确的在括号内打"√"，错误的打"×"。）

　　1. 西方经济学的建立是以一定的假设条件为前提的。（　　）

　　2. 垄断会造成资源浪费，因为垄断企业没有在边际成本的最低点进行生产。（　　）

　　3. 一般来说，随着商品消费量的增加，消费者获得的总效用不断上升。（　　）

　　4. 无差异曲线通常是一条凸向原点的曲线。（　　）

　　5. 如果产量增加的比例大于每种投入要素的增加比例，表明规模报酬递增。（　　）

　　6. 吉芬商品是指需求量与价格反向变动的特殊低档物品。（　　）

　　7. 在完全竞争条件下，企业确定某种要素的最佳使用量的原则是使该要素的边际产值与要素价格相等。（　　）

　　8. 当人们无偿享有了额外收益或者承担了额外成本时，叫作道德风险。（　　）

　　9. 在西方经济学中，企业的成本应当从机会成本的角度加以理解。（　　）

　　10. 一般而言，福利经济学属于实证经济学。（　　）

三、简答题

1. 请简要列出影响财政政策效果的主要因素。

2. 如何理解凯恩斯的货币需求理论。

3. 无差异曲线的主要特点有哪些？

4. 如何理解边际报酬递减规律？

四、计算题

1. 如果需求函数可以表示为 $P=100-0.5Q$，根据点弹性公式，求解：

（1）$P=60$ 时的需求价格弹性；

（2）$P=40$ 时的需求价格弹性。

2. 已知某企业的生产函数为 $Q=K^{\frac{1}{3}}L^{\frac{2}{3}}$，劳动的价格为 $P_L=2$，资本的价格 $P_K=1$，求解：

（1）当成本为 $C=3\,000$ 时，企业实现最大产量的要素数量 L、K 和产量 Q；

（2）当产量 $Q=800$ 时，企业实现最小成本的 L、K 和对应的成本 C。

五、分析讨论题

比较分析完全竞争、垄断、寡头垄断、垄断竞争四种市场结构上，均衡结果的形成及其经济效率分析。

参考答案

第一章　导论

一、名词解释

1. 稀缺性

稀缺性是经济物品的显著特征之一。经济物品的稀缺性并不意味着它是稀少的，而是指它不可以免费得到。要得到这样一种物品，必须自己生产或用其他经济品来进行交换。

2. 生产可能性边界

生产可能性边界表示经济社会在既定资源和技术条件下所能生产的各种商品最大数量的组合，反映了资源稀缺性与选择性的经济学特征。

3. 微观经济学与宏观经济学

微观经济学（Microeconomics）是对经济中各单个因素行为的分析，如研究某单个的商品的价格或单个消费者或单个企业的行为。

宏观经济学（Macroeconomics）是对经济总体行为的分析，主要研究产出、收入、价格水平、对外贸易、失业和其他总体经济变量。

4. 理性人

经济学假定"个人"都是理性的，总是在局限条件下为自己争取最大的利益，勤奋工作、偷奸耍滑、欺骗他人、与人为善……都是以追求个人利益最大为出发点。

5. 实证分析与规范分析

规范分析考虑"应该怎样"，诸如公共政策价值判断，或公共政策目标之类的问题。而实证分析则是关于经济事实和行为的分析，讨论"实际怎样"之类的问题。

6. 机会成本

经济品的次优（Next-best）使用（或机会）价值，或者说所牺牲掉的可供选择的其他用途的最大价值。比如说，用来开采一吨煤的投入，其可供选择的其他最佳用途是生产 10 辆自行车。那么一吨煤的机会成本就是 10 辆自行车。这些自行车能被生产出来但实际上却没有生产。机会成本对于评价非市场性商品诸如环境卫生和安全等十分有用。

7. 沉没成本

所谓沉没成本，就是已经付出，并且无论如何无法收回的成本。生活中常说的"覆水难收"就是这个道理。

8. 边际分析

这是现代经济学最常用的基本方法之一，考虑最后一单位变化所引起的相应反应。边际分析常常用来考察最大化问题，当人们活动的边际成本等于边际收益时，他们就实现了收入或利润的最大化。

二、单项选择题

1. C   2. C   3. A   4. C   5. B

6. D   7. B   8. D   9. B   10. B

三、多项选择题

1. BCD   2. ACD   3. BC   4. BD   5. ACD

四、简答题

1. 时间是一种稀缺资源，用来做一件事情就不能同时用于其他用途，因此决策的主要依据是机会成本的概念，是否捡钱取决于他 1 秒钟能够以其他方式挣多少钱。

截至 2006 年，盖茨已经连续 12 年高居《福布斯》全球富豪排行榜榜首。作为微软公司创始人之一，盖茨的净资产高达 500 亿美元，平均每分钟挣 6 659 美元，每秒钟挣 111 美元，如果用来捡钱，则机会成本大于收益，不符合最优原则。

2. 再买一张票。

无论是否再买票看电影，丢掉的电影票都覆水难收，是沉没成本，不应成为决策的考虑要素。因此，如果买票看电影，还能获得消费者剩余（30-20＝10）；如果不买票看，则不能获得看电影的满足。

3. 航空公司的经营出于边际分析考虑。

一方面，航空公司为了取得许可证所花费的成本、购买飞机的成本以及培训飞行员等成本短期内无法收回，是沉没成本，无论是否飞行都无法挽回。

另一方面，航空公司决定是否经营取决于边际成本与边际收益的比较，只要每增加一位乘客的边际收益（票价）大于边际成本（几乎可以忽略不计），那么就应当继续经营。

4. 机会成本是为了获得某种东西而不得不放弃的其他可能得到的最高的收益。

上大学主要的花费不仅包括学费，而且还有时间。如果不上大学，学费可以花在其他用途上，而时间也可以用来进行其他活动，比如工作。

需要注意的是，上大学的生活费、住宿费不一定表现为机会成本，因为即使不上大学，也有住宿和吃饭的需要和花费。只有当在大学里这部分花费更高时，超过的这部分才成为上大学的机会成本。

5. 最基本的经济分析方法就是成本收益分析，需要在不同方案中比较成本和收益。

树立警示牌成本小，但约束力也很小，或者需要为了派人时刻监督而支付很高的管理费用；围上铁栏杆具有很强的约束力，但是成本很高，不仅要花钱买栏杆，而且可能需要对此进行维护和防止破坏；而铺鹅卵石小路是从需求方面着手，能够从根本上解决问题，而且成本很低。

五、案例分析

根据题意，李明必须在每门课程及格的前提下争取总分最高。

从每课复习时间及预计考分可知，专业课至少复习 1 周，高等数学至少复习 3 周，外语至少复习 4 周。这样，总共用去 8 周，还剩下 2 周，应当根据表 1 所示的新增复习时间边际分数的多少，决定这 2 周的复习课程。

表 1 新增复习时间边际分数

复习周数		0	1	2	3	4	5	6	7	8
边际分数	专业课			15	5	3	2	1	0	0
	高等数学					7	5	3	2	1
	外语						3	3	2	2

根据及格后每门课程边际分数的多少，应当首先用 1 周复习专业课，再用 1 周复习高等数学。

因此，10 周复习时间的最优安排为：专业课 2 周，高等数学 4 周，外语 4 周，预期最高总分为 85+72+62＝219。

第二章　市场供求与均衡价格

一、名词解释

1. 需求规律

在其他条件不变的情况下，一种物品的价格越高，需求量越小，即商品的需求量与价格呈反向变动的关系。

2. 供给规律

在其他条件不变的情况下，一种物品的价格越高，供给量越大，即商品的供给量与价格呈同向变动的关系。

3. 替代效应

当一种商品价格上升时，它的替代品价格不变，相对而言更便宜了，于是人们会更多地购买它的替代品，对该商品的需求减少，这就叫作替代效应。

4. 收入效应

当人们的名义收入保持不变时，价格变化导致实际购买力变化，从而改变对商品的需求，就叫作收入效应。

5. 替代品

如果两种商品之间可以互相代替以满足消费者的某一种欲望，则称这两种商品之间存在着替代关系，这两种商品互为替代品。

6. 互补品

如果两种商品必须同时使用才能满足消费者的某一种欲望，则称这两种商品之间存在着互补关系，这两种商品互为互补品。

7. 吉芬物品

吉芬商品指的是价格上升引起需求量增加的物品。吉芬商品与其说是一种商品，不如说是一种现象。

英国统计学家罗伯特·吉芬最早发现，1845 年爱尔兰发生灾荒，土豆价格上升，但是土豆需求量反而增加了。这一现象在当时被称为"吉芬难题"。

8. 限制价格

限制价格也称为最高限价，是政府所规定的某种产品的最高价格，总是低于市场的均衡价格的。政府实行限制价格的目的往往是为了抑制某些产品的价格上涨，尤其是为了对付通货膨胀。

9. 支持价格

支持价格也称为最低限价，是政府所规定的某种产品的最低价格，总是高于市场的均衡价格的。政府实行支持价格的目的通常是为了扶植某些行业的发展。

10. 需求价格弹性

需求价格弹性衡量物品的需求量对价格变动的反应程度，通过需求量变动百分比除以价格变动百分比进行计算。它表示当价格变动 1% 时，需求量相应变动百分之几。

二、单项选择题

1. B	2. B	3. D	4. B	5. B
6. A	7. A	8. B	9. A	10. C
11. D	12. C	13. C	14. C	15. A

三、多项选择题

1. BD	2. ABC	3. AD	4. BC	5. ABC

四、计算题

1. （1）$P_e = 6$；$Q_e = 20$

   （2）$P_e = 7$；$Q_e = 25$

   （3）$P_e = 5.5$；$Q_e = 22.5$

2. $E_{d1} = -(-100) \times (2/300) = 2/3$

   $E_{d2} = -(-100) \times (4/100) = 4$

3. 因为 $E_d = -\dfrac{\dfrac{\Delta Q}{Q}}{\dfrac{\Delta P}{P}}$，已知 $E_d = 0.2$，$\dfrac{\Delta Q}{Q} = -10\%$

   所以 $\dfrac{\Delta P}{P} = 10\% \div 0.2 = 50\%$，即价格必须上涨 50%。

   又因为 $1.2 \times 50\% = 0.6$，因此汽油价格需上涨每加仑 0.6 美元。

五、简答题

1. （1）居民收入的增加，导致自行车的需求增加，所以需求曲线向右平移。

   （2）共享单车自行车的需求减少，所以需求曲线向左平移。

   （3）有的城市禁止电瓶车，导致自行车的需求增加，所以需求曲线向右平移。

   （4）消费者对自行车的预期价格下降，导致自行车的需求减少，所以需求曲线向左平移。

   （5）人们越来越喜欢骑自行车，导致自行车的需求增加，所以需求曲线向右平移。

2. 一般来说，农产品是缺乏需求价格弹性的商品。气候不好时，虽然农业要歉收，但是同时会导致供给减少，在缺乏弹性的需求曲线的作用下，农产品的均衡价格大幅度上涨，由于均衡价格的上涨幅度小于均衡数量的减少幅度，最后致使农民的总收入增加。

3. 原油价格上升必然导致汽油价格的上升，汽油和轿车是互补商品，因此轿车的需求的交叉价格弹性小于 0，汽油价格上升会降低人们对汽车的购买。

   公共交通和轿车互为替代品，这种情况下轿车的需求交叉价格弹性大于 0，即公共交通价格的下降会降低人们对汽车的购买。

六、案例分析

其他商人拼命抛售棉花，使棉花供给大增，价格下跌。白圭趁机低价大量收购棉花。后棉花歉收，意味着供给大幅度减少，棉花价格自然大幅度上扬，白圭因此而发了一笔财。

当其他商人拼命收购皮毛时，皮毛需求大增，皮毛价格必然上升。白圭抛出皮毛当然是有利可图的。后来皮毛突然卖不出去了，表明需求大大下降，与此同时其他商人手中的皮毛却大大增加，即供给大大上升。因此，皮毛价格大跌，其他商人血本无归。

七、阅读材料

1. 需求减少，使苹果的均衡价格下降，数量减少。

2. 以支持价格收购苹果，稳定价格，为水果开辟新市场。

3. 市场供求将会影响产品均衡价格，而价格变动剧烈可能对经济整体产生不利影响，因此市场经济也需要宏观调控。

第三章　消费者行为理论

一、名词解释

1. 效用
效用是指消费者在消费某种物品中所获得的满足程度。

2. 边际效用（MU）
边际效用是指消费者在一定时间内，每新增一个单位商品的消费所增加的满足程度。

3. 总效用（TU）
总效用是指消费者在一定时间内从一定量商品消费中所获得的总的满足程度。

4. 边际效用递减规律
在其他条件不变的条件下，在一定时间内随着消费者对同一种商品消费数量的连续增加，消费者从新增消费中所获得的边际效用是递减的。

5. 无差异曲线
无差异曲线是指用来表示两种商品的不同数量的组合给消费者所带来的效用完全相同的一条曲线。

6. 预算线
预算线又称为消费可能线，是表明在消费者收入和商品价格既定的条件下，消费者所能购买到的两种商品数量的最大组合的点的轨迹。

7. 边际替代率递减规律
在维持效用水平不变的前提下，随着一种商品消费量的连续增加，消费者为了得到每一单位的这种商品所需放弃的另一种商品的消费量是递减的。

8. 基数效用论的消费者均衡条件
在消费者收入和商品价格既定的情况下，消费者应该使自己购买的各种商品的边际效用和价格之比相等，即消费者使最后一元钱无论花在哪种商品的购买上所带来的边际效用均相等时，总效用达到最大。

9. 序数效用论的消费者均衡条件
两种商品的边际替代率等于两种商品的价格之比，即既定的预算线与一组无差异曲线中的其中一条的切点为效用最大化的组合。

二、单项选择题

1. D	2. A	3. A	4. C	5. A
6. C	7. A	8. C	9. D	10. C
11. C	12. D	13. A	14. D	15. A
16. A	17. A	18. B	19. D	20. C

1. AC   2. ACD   3. AC   4. ABC   5. ABCD

四、计算题：

1. 第一步：根据 $P_xQ_x+P_yQ_y=55$ 的限制条件（$5Q_x+10Q_y=55$），可以得出购买苹果和柚子的各个组合（1，5）、（3，4）、（5，3）、（7，2）、（9，1）、（11，0）。

第二步：根据消费者均衡的条件：$MU_x/P_x=MU_y/P_y$ 得到 $MU_x=MU_y/2$

第三步；根据题中给出的效用表，可以看出，当 $Q_x=5$，$Q_y=3$ 时，符合消费者均衡的条件，此时达到消费者效用最大化。

2. （1）总预算 $=P_xQ_x+P_yQ_y=4×60+P_y×0=240$

    （2）预算线方程：根据已求得的总预算可以求出 $P_y=240/40=6$，所以预算线方程为：$4Q_x+6Q_y=240$

    （3）实现消费者均衡时的 E 点为无差异曲线和预算线的切点，所以 E 点的 MRS_{xy} 等于预算线的斜率 $-P_x/P_y=-2/3$

3. 根据题目条件画出图1：

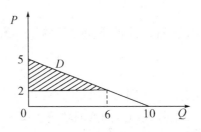

图 1 需求函数图

根据图形，消费者剩余为需求曲线以下，价格线以上的阴影面积。$P=2$ 时，$Q_x=6$。所以，阴影面积为 $2×6÷2=6$。

五、简答题

1. 根据边际效用递减规律，随着一种物品消费数量的增加，额外增加的单位带来的效用增量是递减的。由于水的储量和消费量巨大，所以水带来的边际效用是很小的，所以人们愿意为其支付的价格就很低；而钻石数量稀少，消费数量也很有限，所以它能带来的边际效用很大，所以人们愿意为其支付的价格就很高。

2. 基数效用论认为：最后一元钱花在 X 商品和 Y 商品的购买上带来的效用相等时，该组合为消费者带来的效用最大化，也就是实现了消费者均衡，即 $MU_x/P_x=MU_y/P_y$；

序数效用论认为：消费者均衡，即效用最大化为预算线和无差异曲线相切时的组合，此时，无差异曲线的斜率和预算线的斜率相等。$|MRS_{xy}|=MU_y/MU_x=P_x/P_y$。

六、案例分析

货币作为特殊商品也符合一般商品边际效用递减规律。根据材料一可以知道：同样一元钱对富人和穷人带来的效用不同，富人由于拥有的钱数量大，所以新增一个单位对其的边际效用很小；穷人则正好相反。根据材料二可知，赌博对于赢钱的人来说所增加的效用小于输钱的人减少的效用，虽然从数量上讲输的钱和赢的钱是相等的，但是赢钱的人拥有的钱数量多于输钱的人的钱，所以其边际效用是不同的。

七、阅读材料

1. 边际效用与价格成正比。

2. 略。

第四章　企业理论

一、名词解释

1. 显性成本

显性成本是企业经营的货币支出，它是实际发生了的，在会计上也核算这部分成本。由于货币支出可以用于一种用途，也可以用于其他用途，因此，它也是使用资源的机会成本的一部分。

2. 隐性成本

与显性成本相对，隐性成本是没有现实货币支出的机会成本，它体现着经济学与会计学成本的不同。隐性成本包括企业主生产经营时，放弃了从事其他工作取得收入的机会；企业使用自有资本所放弃的出租该资产可能取得的租金收入；企业在使用自有资金或其他金融资产时，放弃了的可能取得的利息，以及经济折旧和企业家才能。

3. 折旧

折旧指资产价值的下降，即在所考察的时期中，资本所消耗掉的价值的货币估计值。

4. 企业家才能

企业家才能是企业家组织企业、做出企业决策、创新和承担经营风险的资源。企业家才能的收益是利润，而且提供企业家才能的平均收益成为正常利润。

5. 交易成本

交易成本是使卖者和买者走到一起、签订合同以及获得有关市场信息的费用。

6. 规模经济

规模经济是指在一个给定的技术水平上，随着规模扩大，产出的增加则平均成本（单位产出成本）逐步下降。

7. 范围经济

范围经济是指在同一核心专长，从而导致各项活动的多样化。多项活动共享一种核心专长，从而导致各项活动费用的降低和经济效益的提高。

8. 委托—代理问题

由于经理或工人可能会追求自己的目标，即便这样做会减少企业所有者的利润，从而导致了委托—代理问题。经理或工人是为所有者工作的代理人，所有者是委托人。

9. 激励机制

激励机制也叫作次优合约，中心思想是委托人与代理人实现利益共享、风险共担。通过在合约中制定一些激励性的条款，使代理人自愿的为委托人的利益努力。

10. 边际产量

劳动的边际产量（Marginal Product）是所雇佣的劳动量增加 1 单位引起总产量增加的数量，$MP = \dfrac{\Delta TP}{\Delta L}$。

11. 平均产量 AP

平均产量（average product）表示在平均情况下，工人的生产率如何。平均产量等于总产量除以所雇佣的劳动量，$AP = \dfrac{TP}{L}$。

12. 边际收益递减

边际收益递减指如果不断添加相同增量的一种投入要素（并且其他投入要素的数量保持不变），这样所导致的产品增量在超过某一点后将会下降，也就是说，边际产品将会减少。

13. 边际成本

边际成本（marginal cost）表示增加 1 单位产量所引起的总成本的变化。

14. 规模收益

规模收益递增是指当所有投入要素的量都增加时，产出水平以更大的比例增加。

规模收益递减是指当所有投入要素平衡的增长时，总产量以较小的比例增长。

规模收益不变是指当所有投入都成倍增加时，总产量也按照相同的比例增长。

15. 生产函数

生产函数指在技术水平既定条件下确定某一组要素投入所能带来的最大产出的关系式（或数学函数）。它用于某个企业，或作为总生产函数用于整体经济。

二、单项选择题

1. C	2. B	3. A	4. C	5. C
6. D	7. D	8. A	9. D	10. A
11. C	12. C	13. A	14. A	15. D

三、多项选择题

1. ABC   2. AB   3. AC   4. CD   5. AC

四、简答题

1. （1）经济成本＝隐性成本＋显性成本＝60＋150＝210（元）；

（2）会计成本＝显性成本＝150（元）；

（3）会计利润＝总收益－会计成本＝400－150＝250（元）；

（4）经济利润＝总收益－总成本＝400－（60＋150）＝190（元）。

2. 不认同。因为学校自有空地虽然不需要花钱，但它能够出租或者出售，作为商业中心的土地，能够获得较高的经济收益。用来建新学院就放弃了其他用途，这是机会成本，仍然是成本的一部分。

3. 由于 $K = 10$，所以 $Q = 10L - 0.5L^2 - 32$。

（1）劳动的平均产量 $APL = \dfrac{Q}{L} = 10 - 0.5L - \dfrac{32}{L}$；

劳动的边际产量 $MPL = 10 - L$；

（2）当 $MPL = 0$ 时，TP 最大，此时 $L = 10$；

当 $APL = MPL$ 时，APL 最大，即 $10 - 0.5L - \dfrac{32}{L} = 10 - L$，此时 $L = 8$

当 $L=0$ 时，边际产量 MPL 最大。

4. 如表 6 所示：

表 6 　　　　　　　　　短期生产函数与短期成本函数情况

短期生产函数	短期成本函数
TP 先以递增的比率增加，当 MP 达到最大值后，再以递减的比率增加。	TVC 先以递减的比率增加，当 MC 达到最小值后，再以递增的比率增加。
AP 先递增到最大值（$AP=MP$），然后递减。	AVC 先递减到最小值（$AVC=MC$），然后递增。
MP 先递增，后递减，当等于 AP 后，以比 AP 更快的速度递减。	MC 先递减，后递增，当等于 AVC 后，以比 AVC 更快的速度递增。

5. 规模报酬递增或规模经济——长期平均成本下降；

规模报酬递减或规模不经济——长期平均成本上升；

规模报酬不变——长期平均成本不变。

五、案例分析

1. 有可能实现。即使所有生产最终都表现为可变投入的边际产量递减，但在初期，生产过程通常表现出可变投入（在这种情况下是工人）的边际产量递增。这种结果可能由于劳动专业化而发生。在雇佣第二个工人之后，可以安排一个工人专门从事除草，而另一个工人可以专门从事浇水或者施肥。

2. 不可能。只要土地或资本要素等任何一种投入（比如说农场的规模）是固定的，随着劳动投入量的增加，在某一点时，将经历可变投入的边际产量递减。也就是说，当工人数量增加到一定程度时，农场将变得拥挤，可能会不得不轮流使用工具进行生产，因此，增加工人所增加的产量将会越来越少。

3. 如果现在的农场规模不大，那么如果通过扩大农场种植规模并启用更多工人来扩大经营规模，企业会经历规模经济。

另一种方法是采用更先进的技术，通过提高投入产出比例来增加产出。

4. 不对。你的朋友不能无限地扩大他的经营规模，因为在某一点时，农场规模变得如此之大，以致产生组织协调问题——管理成本上升，于是，企业终将进入规模不经济阶段。

第五章　完全竞争市场

一、名词解释

1. 市场

市场一般是指一种产品或劳务买卖的场所，买卖双方在市场上决定成交价格。

2. 行业

行业是制造或提供同一的或类似的产品或劳务的厂商的集合。

3. 完全竞争

完全竞争是指不存在任何垄断因素只有厂商之间自由竞争的市场结构。

4. 总收益（TR）

总收益是指厂商按一定价格出售一定量产品时所获得的全部收入。

5. 平均收益（AR）

平均收益是指厂商在平均每一单位产品销售上所获得的收入。

6. 边际收益（MR）

边际收益是指厂商增加一单位产品销售所获得的总收入的增量。

7. 利润

利润是总收益与总成本之间的差额。

8. 正常利润

正常利润是指厂商对自己所提供的企业家才能的报酬的支付。

9. 经济利润

经济利润又称为超额利润，是指厂商经营获得的会计利润与机会成本之差，可以用会计利润减去正常利润来表示。

二、单项选择题

1. A	2. B	3. D	4. B	5. D
6. D	7. B	8. B	9. A	10. B;
11. C	12. A	13. B	14. D	15. D

三、多项选择题

1. ABCD　　2. ABCD　　3. ABCD　　4. ACD　　5. BD

四、计算题

1. 对总成本函数求导得到：$SMC = 0.3Q^2 - 6Q + 10$；

因为 $MR = P$，所以 $MR = 100$。

根据 $MR = MC$，得出 $0.3Q^2 - 6Q + 10 = 100$，求解得出：$Q = 30$。

将 $Q = 30$ 代入 STC 函数，求出 $STC = 500$。

$STR = P \times Q = 100 \times 30 = 3\,000$；所以，利润 $= 2\,500$。

2. （1） $MR=P=550$，根据 $MR=MC$ 可以求出 $Q=50$；

（2）当价格 $P<AVC$ 时，厂商就停止生产。

根据边际成本函数是总成本函数的导数，可以求出 $TC=0.1Q^3-2.5Q^2+50Q$；

$AC=TC/Q=0.1Q^2-2.5Q+50$，所以，$AVC=0.1Q^2-2.5Q$。

将 $Q=50$ 代入 AVC 可得：$AVC=175$；

所以，当 $P=175$ 时，该厂商到达停止生产点。

五、简答题

1. 完全竞争，也称为纯粹竞争，是指不存在任何垄断因素只有厂商之间自由竞争的市场结构。

完全竞争市场具有四个基本特征：

（1）市场上存在众多规模小的买者和卖者，他们的行为不会对市场价格产生影响。

（2）产品是同质的。

（3）资源能够自由流动。

（4）市场信息充分畅通。

2. 四种不同的类型如表1所示：

表1 完全竞争市场四种类型

市场类型	厂商数目	产品差别	厂商控制价格程度	厂商进出难易程度	列举接近现实中的商品市场
完全竞争	很多	完全无差别	没有	很容易	农产品市场
垄断竞争	很多	有差别	有一些	比较容易	服装零售市场
寡头	几个	有差别或无差别	相当程度	比较困难	汽车、石油
垄断	唯一	唯一的产品，且无相近的替代品	很大程度但常受管制	很困难，几乎不可能	公用事业，如水、电

3. 完全竞争厂商没有制定价格的能力，所以它面对的需求曲线和价格线重合，为一条水平线。因为 $TR=P\times Q$，$AR=TR/Q=P$；$MR=TR'=P$。所以平均收益曲线和边际收益曲线与价格线重合，都是同一条水平线。

六、案例分析

完全竞争厂商实现短期均衡时，如图1所示：

均衡条件为 $MR=MC$，在短期，完全竞争厂商可能实现超额利润，也可能收支相抵，还有可能出现亏损。关键取决于短期平均成本曲线与需求曲线的位置。

完全竞争厂商实现长期均衡时，如图2所示：

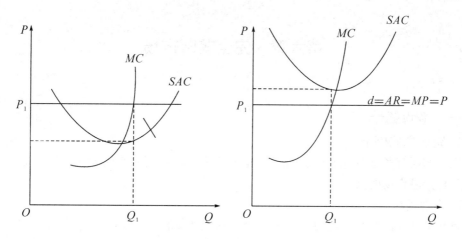

图 1　竞争企业的利润（或亏损）I

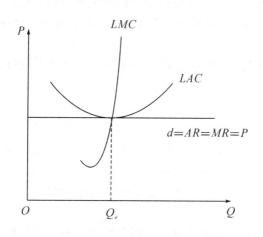

图 2　竞争企业实现均衡

均衡条件为 $MR=LAC=LMC$，在长期平均成本的最低点时，完全竞争厂商实现均衡。在长期均衡时，完全竞争厂商只能获得正常利润，没有超额利润。

七、阅读材料

1. 价格高于平均可变成本，固定成本短期无法收回。

2. 逐步退出市场。

3. 收益不能弥补成本，长期考虑总平均成本，短期考虑平均可变成本。

第六章　完全垄断市场

一、名词解释

1. 完全垄断市场

完全垄断市场是指整个行业的市场完全处于一家厂商控制的状态，即一家企业控制了某种产品市场的供给。

2. 自然垄断

自然垄断在某些而行业的生产中，企业的生产规模经济需要在一个很大的产量范围和相应的巨大资本设备的生产运行水平上才能得到充分的体现，以至于整个行业的产量只有一个企业来生产时才有可能达到这样的生产规模。所以，在这样的行业中会出现只有一家企业垄断整个行业的生产和销售的情况，即为自然垄断。

3. 单一定价策略

单一定价策略是指完全垄断企业对每个不同的消费者的同样产品确定相同的价格的定价策略。

4. 价格歧视

价格歧视也称为差别定价，由于垄断者具有制定价格的权力，因此垄断者可以在同一时间内对同一成本的产品的不同购买者收取不同的价格，或是对不同成本的产品向不同的购买者索取相同的价格，这种定价行为被称为价格歧视。价格歧视按照价格差别的程度分为一级价格歧视、二级价格歧视和三级价格歧视三种类型。

5. 一级价格歧视

一级价格歧视又称完全价格歧视，是指垄断者对每一单位的产品都制定了不同的价格，在这种情况下，消费者剩余为零，消费者剩余全部变成完全垄断厂商的超额利润。

6. 二级价格歧视

二级价格歧视是指垄断者根据不同购买量确定不同的价格。在这种情况下，部分消费者剩余变为了垄断厂商的超额利润。

7. 三级价格歧视

三级价格歧视是指垄断者对不同市场的不同消费者实行不同的价格。在这种情况下，垄断厂商可以在实行高价的市场上获得超额利润，在实行低价的市场获取正常利润。因此，在实行高价的市场上的消费者剩余变为垄断者的超额利润。

二、单项选择题

1. C	2. D	3. B	4. A	5. D
6. D	7. B	8. C	9. A	10. A
11. A	12. C	13. A	14. D	15. C

三、多项选择题

1. ABC   2. ABCD   3. ABD   4. AC   5. BD

（四）计算题

1. 首先对总收益函数和总成本函数求导：$MR=100-2Q$，$MC=40$；

再根据完全垄断厂商的均衡条件：$MC=MR$ 可以求出 $Q=30$；

$P=TR/Q=100-Q=70$

2. $TR=P×Q=80Q-2Q^2$，所以 $MR=80-4Q$；同时，$MC=20$，所以 $Q=15$。

$P=80-2×15=50$；利润 $=TR-TC=80×15-2×15^2-$（$30+20×15$）$=750-330=420$。

五、简答题

1. 完全垄断市场的特征是：

（1）由唯一的厂商控制了该产品市场上的生产和销售；

（2）该厂商生产和销售的产品没有任何相同或相似的替代品存在；

（3）该行业存在进入障碍，其他任何厂商均难以进入该行业。

（4）该厂商为价格制定者，可以根据销售条件实行不同的差别价格，以获取最大的经济利润。

2. 边际收益和需求价格弹性之间的关系可以表示为：$MR=P$（$1-1/\vert Ed\vert$）。由于 MR 是 TR 的导数，所以：

（1）当 $\vert Ed\vert>1$ 时，$MR>0$，此时，TR 递增，也就是降低价格能使总收益增加。

（2）当 $\vert Ed\vert<1$ 时，$MR<0$，此时，TR 递减，也就是降低价格反而使总收益减少。

（2）当 $\vert Ed\vert=1$ 时，$MR=0$，此时，TR 最大，降低价格不会使总收益发生变化。

3. 完全竞争市场，厂商长期均衡的条件是 $MR=AR=LMC=LAC$；完全垄断市场，厂商长期均衡的条件是 $MR=LMC=SMC$。

产生这种区别的原因在于：完全竞争厂商面对的需求曲线是水平的 $P=AR=MR$；而完全垄断厂商面对的需求曲线是向右下方倾斜的，平均收益曲线与需求曲线重合；边际收益曲线在平均收益曲线的下方，$MR<AR$。

另外，完全竞争厂商的长期均衡实现在 LAC 的最低点上，完全垄断厂商的长期均衡未能达到 LAC 的最低点。这意味着完全竞争市场比完全垄断市场更有经济效率。

六、案例分析

1. 德比尔斯公司的定价策略是单一定价策略，即对同一产品的销售不区分消费者，制定统一的价格销售。德比尔斯公司对所有消费者实行高价少销的单一竞价策略。

2. 对于垄断企业来说，还可以采用价格歧视的定价策略。

价格歧视：也称为差别定价，由于垄断者具有制定价格的权力，因此垄断者可以在同一时间内对同一成本的产品的不同购买者收取不同的价格，或是对不同成本的产品向不同的购买者索取相同的价格，这种定价行为被称为价格歧视。价格歧视按照价格差别的程度分为一级价格歧视、二级价格歧视和三级价格歧视三种类型。

一级价格歧视，又称完全价格歧视，是指垄断者对每一单位的产品都制定了不同的价格，在这种情况下，消费者剩余为零，消费者剩余全部变成完全垄断厂商的超额利润。

二级价格歧视是指垄断者根据不同购买量确定不同的价格。在这种情况下，部分消费者剩余变为了垄断厂商的超额利润。

三级价格歧视是指垄断者对不同市场的不同消费者实行不同的价格。在这种情况下，垄断厂商可以在实行高价的市场上获得超额利润，在实行低价的市场获取正常利润。因此，在实行高价的市场上的消费者剩余变为垄断者的超额利润。

3. 德比尔斯公司虽然为垄断企业，但是只是在钻石市场垄断而已，在装饰品市场上，钻石还有很多替代品，比如蓝宝石等。所以由于存在产品的差异，所以德比尔斯公司还是斥巨资打广告，这样可以通过影响消费者偏好来增加消费者对钻石的需求。

七、阅读材料

1. 一级价格歧视时，企业利润最高；二级、三级价格歧视时，利润比一级价格歧视下稍低。

2. 实行价格歧视时，消费者剩余被企业占有。一级价格歧视时，所有的消费者剩余都被企业占有了；二、三级价格歧视时，部分消费者剩余被占有。

第七章　寡头和垄断竞争

一、名词解释

1. 寡头垄断市场

一个市场上由少数几个生产者来控制整个市场的生产和销售的市场结构。

2. 卡特尔

一个行业的独立厂商之间通过对有关价格、产量和市场划分等事项搭乘明确协议而建立的组织。这是寡头垄断行业中各厂商用公开方式相互勾结，以达到协调行动的一种形式。

3. 价格领导

价格领导称为价格领袖，是通过某种默契进行相互勾结的一种寡头垄断形式。它是指行业中一个或少数几个厂商开始变更价格，本行业中的其他厂商跟随变更价格的暗中勾结方式。

4. 成本加成定价

通过在估算的平均成本的基础上加一个固定百分率的利润计算出销售价格的方法。

5. 垄断竞争市场

既有垄断又有竞争，垄断和竞争相结合的市场结构类型。

6. 不完全竞争市场：完全竞争以外的市场，包括完全垄断市场、寡头垄断市场和垄断竞争市场。

7. 纯粹寡头

生产同质产品的寡头垄断厂商。

8. 差别寡头

生产异质产品的寡头垄断厂商。

二、单项选择题

1. D	2. B	3. D	4. A	5. C
6. D	7. B	8. C	9. B	10. A
11. B	12. C	13. D	14. C	15. A

三、多项选择题

1. AC　　2. ABCD　　3. ABCD　　4. BCD

四、计算题

$7 \times (1+10\%) = 7.7$　　$8 \times (1+10\%) = 8.8$

五、简答题

1. 养鸡场的市场存在着大量的生产者和消费者，鸡与鸡蛋在同行中是没有差别的，进入和退出这个行业都很自由，所以养鸡场是完全竞争市场。而服装厂可以通过不同的设计和材质使自己的服装有特色，市场上有很多服装厂，它们对市场价格产生一些影响，但影响是有限的，而且服装厂很容易退出服装市场，所以说服装厂是垄断竞争。

2. 垄断竞争厂商与完全竞争厂商相比：垄断竞争厂商需求曲线向右下方倾斜，完全竞争厂商需求曲线为一条水平线，这说明垄断竞争厂商具有一定的制定价格的能力。同时，垄断竞争厂商的产品是有差别的。所以它有动力通过技术创新强化这种产品差别，从而获取更大的利润。

垄断竞争厂商和完全垄断厂商相比，厂商进出该行业比较容易，竞争较为激烈，所以垄断竞争厂商必须通过技术创新，提高自己的竞争力，而完全垄断厂商由于存在进入壁垒，几乎不存在竞争，所以它缺乏动力进行技术创新。

3. 在短期，垄断竞争厂商之间的产品存在差异，别的厂商暂时无法生产出同质的产品，所以该垄断竞争厂商和完全垄断厂商在短期内实现均衡的状况是类似的。根据 $MR = MC$ 的均衡条件，垄断竞争厂商来确定利润最大化的产量，该厂商可能获得超额利润，也可能只获得正常利润，甚至可能亏损。

在长期，垄断竞争厂商存在着激烈的竞争，所以在其实现长期均衡时，$MR = LMC$，$AR = LAC$，所以，垄断竞争厂商不可能获得超额利润。

六、案例分析

1. 生产和销售食品、名酒等产品的市场为垄断竞争市场；生产和销售大米、玉米的市场接近于完全竞争市场；生产和销售石油、电力的市场接近于完全垄断市场。完全垄断市场的产品无差别，所以完全竞争厂商不必通过广告促销自己的产品；完全垄断市场由一家厂商控制了整个市场的供给，所以它也不需要广告促销。只有垄断竞争市场上的产品，存在产品差别，所以需要通过广告营销来强化这种差异，从而获取更大的利润。

2. 市场结构分为四种类型，它们之间的特征和区别可以表示为表1：

表 1　　　　　　　　　　　**四种市场类型的特征和区别**

市场类型	厂商数目	产品差别	厂商控制价格程度	厂商进出难易程度	列举接近现实中的商品市场
完全竞争	很多	完全无差别	没有	很容易	农产品市场
垄断竞争	很多	有差别	有一些	比较容易	服装零售市场
寡头	几个	有差别或无差别	相当程度	比较困难	汽车、石油
垄断	唯一	唯一的产品，且无相近的替代品	很大程度但常受管制	很困难，几乎不可能	公用事业，如水、电

七、阅读材料

1. 垄断竞争市场。

2. 抵制厂商之间的竞争。

3. 不利于消费者，因为同盟价格的存在抵制了厂商降价和改进产品的积极性。

第八章 收入分配与平等

一、名词解释

1. 效率

给定投入和技术的条件下，经济资源没有浪费，且对经济资源作了能带来最大可能的满足程度的利用，也是"配置效率"的一个简化表达。

2. 平等

横向平等指的是：对境况类似的人给予平等或公平的待遇，强调的是基本情况相同的人应得到相同的待遇。

纵向平等指的是：对境况不同的人应给予平等的待遇。

3. 生产要素

生产性投入，如劳动、土地和资本，是生产商品和服务所需的资源，也称"投入"（Inputs）。

4. 派生需求

对一种生产要素的需求来自（派生自）对另一种产品的需求。其中该生产要素对这一最终产品会做贡献，如对轮胎的需求派生自对汽车运输的需求。

5. 边际产量

边际产量是指投入额外一单位要素所带来的总产量的增加。

6. 边际产量收益

边际产量收益是指由于使用额外一单位投入品 X 所带来的总收益的增加。它等于投入 X 的边际产量乘以厂商的边际收益。

7. 劳动生产率

劳动生产率是用来表示产出与劳动投入比率的术语，等于总产出除以劳动投入。劳动生产率的增长是由于技术进步、劳动技能的改善和资本深化。

8. 实际利率

实际利率指以商品而不是以货币衡量的利率，它等于货币（或名义）利率减去通货膨胀率。

9. 人力资本

一国由劳动力体现的技术知识和技能的存量，源于正式教育和在职培训等方面的投资。

10. 补偿性（工资）差异

用于抵消或补偿工作的非货币性差异的工资水平的差别。例如，同样的工作，在西藏地区环境恶劣，因而其工资要比在平原地区支付得高得多。

11. 歧视

与工作表现无关的个人特征造成的劳动报酬差别，特别是由于性别、种族、宗教等有关特征。

12. 收入分配理论

该理论用于解释一个社会中个人的收入和财富的分配方式。

13. 洛伦茨曲线

一个用来显示收入或财富不平等的程度的几何图形，其基本数据来源于收入分配表。

14. 贫困率

贫困率是家庭收入低于贫困线标准的绝对水平的人口百分比。

15. 功利主义

政治哲学中一个重要的学派，其奠基人是英国哲学家杰瑞米·边沁（Jeremy Benthan，1748—1832 年）和约翰·斯图亚特·穆勒（John Stuart Mill，1806—1873 年）。

功利主义的出发点是功利或效用的概念，他们声称，政府的正确目标是使社会每一个人的效用总和最大化，目的是要把个人决策的逻辑运用于涉及道德与公共政策的问题。

16. 自由主义

哲学家约翰·罗尔斯（John Rawls）在他的著作《正义论》中提出了这种观点。他从一个社会的制度、法律和政策应该是公正的这个前提开始，提出政府目标应该是提高社会中最差的人的福利。罗尔斯的观点启发了社会保险制度的建立。

17. 自由意志主义

哲学家罗伯特·诺齐克（Robert Nozick）在他 1974 年的名著《无政府、国家与乌托邦》中提出了自由意志主义的观点，认为只要过程是正义的，政府就不应该为了实现任何一种其他目的而进行收入再分配。

18. 累进的所得税

一种个人所得税制度，高收入者的平均税率比低收入者的平均税率更高，主要目的是缩小收入差距。

19. 补贴

政府对提供或消费某种商品的企业或居民户所做的支付。

20. 基尼系数

基尼系数等于洛伦兹曲线与对角线之间的面积与对角线下的面积之比，比值越大，表明收入分配不平等的程度越大，其取值范围在 0（收入分配完全平均）到 1（收入全部归一人所有）之间。

二、单项选择题

1. C   2. A   3. A   4. C   5. B
6. A   7. A   8. D   9. C   10. A

三、多项选择题

1. ABCD   2. ABC   3. ABD   4. ABCD   5. ABCD

四、简答题

1. 会提高建筑工人的工资水平，因为商品房价格提高会增加建筑工人的边际产品价值，而这是决定工资水平的重要因素。

2. 医生工资更高是因为他们接受了更多的教育和培训，具有更高的人力资本，同时医生工作压力也更大，要求补偿；教师的工资水平低是因为能够从工作中享有更多的满足。

3. 边际收益产品 MRP——增加一单位某种生产要素的投入所增加的收益。$MRP = MP \cdot MR$

平均收益产品 ARP——平均每一单位某种生产要素的投入所带来的收益。$ARP = AP \cdot AR$

边际要素成本 MFC——增加一单位某种生产要素的投入所增加的成本。

平均要素成本 AFC——平均每一单位某种生产要素所带来的成本。

4. 洛伦茨曲线和基尼系数都是衡量收入分配平等（不平等）程度的工具。

洛伦茨曲线横轴为人口累计的百分比（按收入水平从低到高排序）；纵轴为收入累计的百分比。曲线上每一点表示人口累计百分比与收入累计百分比之间的对应关系。如果洛伦茨曲线与对角线重合，表明收入分配是完全平均的，洛伦茨曲线离对角线越远，表明收入分配不平等的程度越大。

基尼系数等于洛伦兹曲线与对角线之间的面积与对角线下的面积之比，比值越大，表明收入分配不平等的程度越大，其取值范围在 0（收入分配完全平均）到 1（收入全部归一人所有）之间。

5. 可以从以下方面解释：

（1）家务劳动中技术的提高；

（2）妇女接受教育和培训的程度更高；

（3）很多妇女现在能更好地控制其生产性的生活方式。

6. （1）在野外高压塔上作业的电工，因为他可能要求恶劣环境的补偿性差别工资；

（2）有 5 年工作经验的会计师，工作经验是人力资本的一部分；

（3）外科医生，因为他从教育年限中得到的人力资本多，而且外科医生会要求补偿接受教育的成本的努力；

（4）漂亮的推销员，因为他们有吸引力而能够具有更高的边际产出值，当然，这也可以表现为对长相平常的人的歧视；

（5）值夜班的门卫，因为人们都不愿意长期从事夜班工作，会要求补偿性差别工资；

（6）公司经济学家，因为他们可能具有更高的边际产量值，大学教师可能因为工作的合意性和假期等原因要求更低的工资回报；

（7）著名歌星，因为他可以通过媒体传播技术同时满足整个市场的需求，而酒吧市场较小；

（8）足球明星，因为他们在一个支持超级明星的市场上，而木匠并不是。

五、计算题

据题设，$D_L = 6\,000 - 100W$，$S_L = 100W$，

（1）均衡时，$D_L = S_L$，

113

由 $6\,000-100W=100W$，得 $W=6\,000\div200=30$（元）

（2）若政府对工人提供的每单位劳动课以 10 元的税，则劳动供给曲线变为

$S_L'=100\,(W'-10)$

新的均衡仍然满足 $D_L'=S_L'$，即 $6\,000-100\,W'=100\,(W'-10)$

得 $W'=35$（元）

（3）尽管政府向劳动提供者（工人）征税，但厂商也承担了税收的支付额，所以，实际上对单位劳动征收的 10 元税收由厂商与工人两方面分担。实行征税后，厂商购买每单位劳动要支付的工资变为 35 元（征税前为 30 元），工人提供每单位劳动得到 35 元，但自己只能保留 25 元。

（4）征税后均衡劳动雇用量为 $Q_L=S_L'=100\,(W'-10)=100\,(35-10)=2\,500$，则政府征税后得到的总税款是 $10\times2\,500=25\,000$（元）。

六、案例分析

（1）供给大于需求，有一些人找不到合意的工作。

（2）大量的大学毕业生未能就业，可能产生以下影响：

①产出减少，大量劳动力闲置意味着资源未被充分利用；

②影响人们的收入，进而减少消费，又进一步影响到产品的需求和投资；

③由于大学生就业形势严峻，人们会重新评估教育和培训的收益，如果人们因而减少教育投资，将可能影响到整个社会的人力资本增加和进步。

（3）针对不同的失业原因，应当采取不同的政策。

对劳动的需求来自于一般商品和劳务的衍生需求，劳动市场供大于求的重要原因是一般商品和劳务的需求和投资不足，所以首先应从这方面着手，设法增加投资，增加对劳动的需求。比如政府进行公共投资，通过各种渠道解决中小企业的困难，保住和创造更多工作岗位。

找不到工作的另一个重要原因是结构失衡，新毕业生并不具备企业需要的素质，或者由于信息问题没有找到合适的岗位。面对这方面的原因，就要设法提供更多更具有针对性的就业服务，促进信息的充分流通。

第三个原因是我国经济发展迅速，结构变化快，对劳动者的需求变化也很快，而教育和培训计划始终是落后的，因此很多大学毕业生刚毕业就发现所掌握知识技能已经落后。面对这样的情况，需要从教育培训手段方面进行改进。

第九章　市场失灵与微观经济政策

一、名词解释

1. 市场失灵

完全竞争市场在一系列理想化的假定条件下，可以使整个经济达到一般均衡，即实现帕累托最优。但是，现实中的市场往往并不符合完全竞争以及其他一系列理想化的假定，从而在很多场合下不能实现资源的有效配置，不能达到帕累托最优，这种情况就叫作"市场失灵"。

正是因为现实的市场在某些场合下会"失灵"，我们才需要通过政府实施相应的微观经济政策。

2. 不完全竞争

不完全竞争指的是不能保持完全竞争状态的市场，因为至少有一个大到足以影响市场价格的买者（或卖者），他们不再是市场价格的接受者，面对的是一条向下倾斜的而不是水平的需求曲线（或供给曲线）。

导致不完全竞争的因素很多，表现为垄断、寡头垄断或者垄断竞争。

3. 垄断

垄断是一种市场结构，在这个市场上，一个或者少数几个企业的规模是如此之大，以至于它们拥有影响产品的市场价格的能力。

4. 低效率

由于在垄断和其他不完全竞争的市场上，企业会将价格定在大于边际成本的地方，导致低效率的资源配置状态，损失了社会福利。如图1所示。

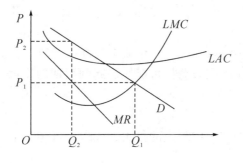

图1　低效率

当企业定价高于边际成本时，均衡的产量 Q_2 低于完全竞争条件下的 Q_1，同时导致三角形的净福利损失。

5. 寻租

寻租是指为了获得和维持垄断地位、得到垄断利润而从事的生产以外的活动，比如行贿、政治游说、设置进入障碍等等。寻租活动是一种纯粹的浪费，进一步加剧了垄断的低效率。

6. 反托拉斯法

取缔垄断行径、贸易限制和那些旨在抬高价格或消除竞争的企业勾结行为的各种法律，主要目的是维持市场竞争状态。

7. 信息不对称

信息不完全的一种，在某些市场上，参与市场的双方拥有的信息量并不相同，比如旧车市场上，在旧车的质量方面，车主显然比潜在的买者拥有更多的信息。

8. 逆向选择

逆向选择是指由于事前信息不对称，信息少的买者一方只愿意给出保守的低价，导致市场价格下降，于是卖者也只愿意提供劣质产品，最终导致市场交易产品平均质量下降的现象。

9. 道德风险

由于事后信息不对称，即在签订契约之后，拥有私人信息的一方采取自利行动，有可能损害参与交易的另一方的利益，这就使信息劣势方面临遭受损失的风险。

10. 外部效应

对他人产生有利的或不利的影响，但不需要他人对此支付报酬或进行补偿的活动。当私人成本或收益不等于社会成本或收益时，就会产生外部性。外部性的两种主要的类型是外部经济和外部不经济。

外部经济是指单个消费者或企业采取的行动产生了他自己无法索取的收益，对社会上其他人的福利有正的影响；外部不经济正好相反，是单个消费者或企业的行为产生了他自己没有支付的成本，对社会上其他人的福利有负的影响。

11. 公共物品

公共物品是指非竞争性和非排他性的物品。所谓非竞争性，意味着为另一个消费者提供这一物品所带来的边际成本为零，即增加消费者或者同时提供更多的产品并不造成企业的负担。所谓非排他性，意味着不能排除其他人消费这一物品（不论他们是否付费），因此会降低消费者为此支付的积极性，可能寄希望于"搭便车"。

12. 政府失灵

当存在政府干预偏离行政目标、干预成本过高或者政策目标受到官员私人动机影响时，政府对市场的干预和政策调控可能无法起到预期的作用，我们把这种情形叫作政府失灵。

13. 委托—代理问题

由于委托人不能确切掌握代理人的行为，代理人可能追求他们自己的目标而牺牲委托人的利益。

二、单项选择题

1. A	2. D	3. D	4. A	5. B
6. B	7. D	8. D	9. B	10. C

三、多项选择题

| 1. ABD | 2. BCD | 3. ABC | 4. ABCD | 5. ABCD |

四、简答题和计算题

（1）由生产函数 $C=40Q-Q^2$ 可推导得出：

$MC=40-2Q$，$AC=40-Q$

已知边际收益 $MR=12$ 元，而企业利润最大化的条件是 $MC=MR$

即 $MC=40-2Q=12$ 元，可得此时的产量 $Q=14$

所以 $AC=40-Q=26$

（2）利润 $\pi=PQ-AC \cdot Q=$（$40-26$）$\times 14=196$

（3）在实现帕累托最优的情况下，$P=MC$

管制价格 $P_1=10$，那么 $MC=40-2Q=10$

可得新的产量 $Q_1=15$

（4）在新的产量水平下，平均成本 $AC_1=40-Q_1=25$

管制价格 $P_1=10<AC$，表明企业处于亏损状态，政府有必要给予补贴。

应当给予的补贴额为：

（AC_1-P_1）$\times Q_1=$（$25-10$）$\times 15=225$

2. 公共物品是指供整个社会全体成员共同享用的物品，如国防、法律之类。这些公共物品只能由政府以某种形式来提供，其原因在于公共物品的消费具有非排他性和非竞争性的特点。

公共物品的使用之所以具有非排他性和非竞争性，是因为公共物品生产上具有不可分割性，如国防、法律提供服务，不可能像面包、衣服那样可分割为许多细小单位，而只能作为一个整体供社会成员使用。当物品像私人物品那样可细分时，消费者就可按一定价格购买自己所需的一定数量独自使用，排斥他人分享。在这种情况下，消费者对物品的偏好程度可通过愿意支付的价格来表现，使自己的消费达到最大满足，从而市场价格可对资源配置起支配作用。公共物品由于不能细分，因而人们对公共物品的消费不能由市场价格来决定，价格机制无法将社会对公共物品的供需情况如实反映出来。这样，公共物品就只能由政府根据社会成员的共同需要来提供。如果要人们根据用价格所表现的偏好来生产这些物品，则谁都不愿表露自己的偏好，只希望别人来生产这些物品，自己则坐享其成，这样，公共物品就无法生产出来了。因此，在公共物品生产上，市场是失灵的。

3. 外部性也叫作外部效应，指个别消费者或生产者的行为或决策对市场其他主体强加了成本或赋予利益的情况。如果是给他人带来成本，则叫作外部不经济；如果是带来收益，则叫作外部经济。

解决外部性的途径有：

（1）使用税收或津贴；

（2）企业合并，将外部效应内在化；

（3）规定财产权，消除某些外部效应。

4. 以旧车市场为例，假定有一批旧车要卖，同时有一批要买这些车的购买者。

旧车中有一半是优质车，一半是劣质车，设优质车平均价格为 400 元，劣质车平均价格为 200 元。再假定买主对优质车愿意支付的价格为 480 元，对劣质车则只愿意支付 240 元。如果信息是完全的，即买主知道哪些车是优质的，哪些车是劣质的，则优质车会在 400 至 480 元之间成交，劣质车会在 200 至 240 元之间成交。但买主事实上无法凭观察判断旧车质量——存在信息不对称的问题。旧车车主会隐瞒劣质车可能存在的质量方面的问题，以次充好，鱼目混珠。买主只知道优质车、劣质车所占的比例各半，但不知道每一辆车究竟是优质的还是劣质的。于是，他们的出价至多是 240×0.5+480×0.5＝360 元。

然而这样一来，优质车车主就不肯卖——优质车退出市场，现在市场上就只有劣质车了，整体质量下降，导致市场运转的有效性被破坏。

5. 当市场价格不能真正反映商品的社会边际估价和社会边际成本时，市场机制转移资源的能力不足，就会出现市场失灵。造成市场失灵的主要原因包括不完全竞争的市场结构、公共物品的存在、外部经济效果以及信息不对称四个方面。

（1）在现实经济中，由于物质技术条件、人为的和法律的因素以及地理位置、稀缺资源等自然因素的存在，垄断普遍存在。在垄断市场上，由于企业的边际收益与平均收益分离，所以价格高于边际成本。这时，尽管消费者之间仍可以实现有效率的交换，但社会并不能用最低的成本向消费者提供最需要的商品组合。不完全竞争的市场不仅不能使用最低成本的生产方式，而且增加生产还会进一步降低社会的福利水平，从而生产费用没有达到最优。此外，垄断还可能造成其他的社会成本。例如，完全垄断厂商缺乏降低成本和进行技术革新的动力，从而社会生产既定的产量花费较多的成本；垄断厂商为了获得超额利润而采取寻租行为等。

（2）市场失灵的第二个原因是经济社会需要一类被称之为公共物品的商品。公共物品具有非排队他性和（或）非竞争性。由于非排他性，很难把付费和不付费的消费者分开，每一个消费者都可以做一个"免费乘车者"，造成公共物品市场供给不足。公共物品的非竞争性使得私人供给的社会成本增加，而社会利益得不到发挥。

（3）外部经济效果或外在性是造成社会估价与社会成本出现差异的另一个重要原因。外在性是指交易双方的经济行为未经交换而强加于其他方的经济影响。例如，大气污染、噪音以及私人绿化现象。

（4）除了上述三个制约市场机制发挥作用导致市场失灵的原因以外，信息不完全等其他因素也可能引起市场失灵。在信息不对称的情况下，消费者和生产者对于不能把握的信息采取对策，结果可能改变市场结果或者增加成本。

针对市场失灵的原因，可以采取不同的矫正措施。为了消除垄断的影响，政府可以采取反垄断政策。针对不同形式的垄断，政府可以分别或同时采取行业的重新组合和处罚等手段，而这些手段往往是依据反垄断法来执行。

行业的管制主要是对那些不适合过度竞争的垄断行业，如航空航天、供水等行业采取的补救措施。这里，政府遵循的一般原则是"对公道的价值给予一个公道的报酬"。为了实现这一原则，配合价格和数量控制，政府往往采取补贴或税收手段。

解决公共物品的供给是公共物品所造成的市场失灵的关键。针对市场决定公共物品供给量的困难，可供选择的对策是利用具有集体性、非市场性和规则性特点的公共选择。

外部经济效果是造成市场失灵的重要原因，解决这一问题的政策主要包括：税收和补贴、政府直接调节以及明确产权和谈判三种手段。

消除市场失灵的政策是根据不同的原因而设计的，它们在一定的条件下起作用。

五、案例分析

根据环境污染问题的特点以及外部性理论，各项措施都各有优劣。

（1）根据科斯定理，由各私有部门协商解决问题，好处在于参与主体少，方便解决问题。

但是科斯定理发挥作用的限制也很多，比如环境与公共生态资源属于共有财产，很难明确产权，也就不满足科斯定理的前提；第二个局限就是科斯定理假定交易成本为零，而现实市场上协商成本很高，对效率肯定有影响。

（2）排污标准作为一种直接管制手段，优点在于其确定性，即管理者直接对污染者的行为进行控制，能够取得预期的环境效果。

局限性在于，降低了经济效率，即每个污染源的最优排污水平难以确定，污染源常常很多，管理成本很高；由于在排污标准内不需要交费，企业不会采取新技术来控制污染，最终仍然对环境造成危害。

（3）"庇古税"比起直接的排污标准来，提高了经济效率，降低了政府管理成本，有利于鼓励企业进行技术创新。

但实行起来仍然有困难，庇古税的征收必须以对私人纯收益和边际外部成本的确定为前提条件，而边际外部成本的确定是一个难题；另外，企业也可能将庇古税转嫁到消费者身上，最终仍然变成了社会成本。

（4）排污权交易的优点在于：有利于降低全社会的污染水平，有利于政府进行宏观调控。

缺点在于：排污标准和排污收费的修正需要一定的程序，有时还会受到主观因素的影响，而且在交易过程中也有可能导致官员腐败问题。

第十章　宏观经济基本问题及国民收入核算

一、名词解释

1. 最终产品

在一定时期内生产的并由其最后使用者购买的产品和劳务。

2. 中间产品

用于再出售而供生产别种产品用的产品。

3. 流量

一段时期内发生的变量。

4. 存量

一定时点上存在的变量。

5. 国内生产总值（GDP）是在某一既定时期内，一个国家或地区生产的所有最终物品与劳务的市场价值总和。

6. 国民生产总值（Gross National Product，GNP），它是一国国民生产的价值，即指在某一既定时期一国国民所生产的所有最终物品和劳务的市场价值。

7. 国内生产净值（Net Domestic Product，NDP）表示一个国家一年内新增加的产值，$NDP = GDP -$ 固定资产折旧。

8. 国民收入（National Income）：广义的国民收入泛指各种衡量国民经济的指标，也可以指国民生产总值，但狭义的国民收入（NI）表示一个国家一年内所有用于生产的要素取得的全部收入，即工资、利润、利息和地租的总和。

9. GDP 缩减指数

名义 GDP 和实际 GDP 之比，它衡量了和某一基年相比，报告期各产品的价格平均变化幅度。

10. 均衡产出

与计划总需求相等的产出为均衡产出，也就是经济社会的收入正好等于全体经济主体想要的支出。

二、单项选择题

1. C	2. A	3. C	4. A	5. A
6. C	7. B	8. C	9. D	10. A
11. D	12. B	13. A	14. A	15. B

三、多项选择题

1. ACD	2. BCD	3. BCD	4. ABCD	5. ABC

四、计算题

1. $GNP = C + I + G + (X - M) = (318.4 + 858.3 + 1\,165.7) + (426 + 154.4 + 56.8) + 748 +$

（363.7−429.9）=3 661.4（亿元）

2. $GNP=8\,000+5\,000+2\,500+2\,000−1\,500=16\,000$（亿美元）

$NNP=16\,000−1\,000=15\,000$（亿美元）

$NI=15\,000−2\,000=13\,000$（亿美元）

$PI=13\,000+500=13\,500$（亿美元）

$DPI=13\,500−（3\,000−2\,000）=12\,500$（亿美元）

3.（1）边际消费倾向为0.65，边际储蓄倾向为0.35。

（2）$Y=C+I+G=40+0.65Y+20+0.15Y+60$

$Y=600$

$C=40+0.65Y=40+0.65×600=430$

$I=20+0.15Y=20+0.15×600=110$

（3）$K=\dfrac{1}{1−（0.15+0.65）}=5$

4.（1）$K_G=\dfrac{1}{1−b（1−t）}=\dfrac{1}{1−0.8×（1−0.15）}=3.1$

（2）$K_{TR}=\dfrac{b}{1−b（1−t）}=\dfrac{0.8}{1−0.8×（1−0.15）}=2.5$

（3）$\Delta Y_G=\Delta G\cdot K_G=500×3.1=1\,550$

（4）$\Delta Y_{TR}=\Delta TR\cdot K_{TR}=500×2.5=1\,250$

五、简答题

1.（1）甲企业为经理买的这辆小汽车应作为投资支出计入GDP。

甲企业给经理发一笔奖金让他自己买的这辆小汽车应作为消费支出计入GDP。

（2）乙公民购买本国产品的支出应作为消费支出计入GDP。

乙公民购买进口产品的支出应作为进口从GDP中扣除。

2. 他们的理由是：富者的消费倾向较低，储蓄倾向较高，而贫者的消费倾向较高（因为贫者收入低，为维持基本生活水平，他们的消费支出在收入中的比重必然大于富者），因而将一部分国民收入从富者转给贫者，可提高整个社会的消费倾向，从而提高整个社会的总消费支出水平，于是总收入水平就会随之提高。

六、论述题

总支出由消费支出、投资支出、政府购买支出和净出口四部分组成。

（1）税收并不直接影响总支出，它通过改变人们的可支配收入，从而影响消费支出，再影响总支出。税收的变化与总支出的变化是反方向的。当税收增加时，导致人们可支配收入减少，从而消费减少，总支出也减少。总支出的减少量是税收增加量数倍，反之亦然。

（2）政府购买支出直接影响总支出，两者的变化是同方向的。总支出的变化量也数倍于政府购买变化量，这个倍数就是政府购买乘数。

（3）政府转移支付对总支出的影响方式类似于税收，是间接影响总支出，也是通过改变人们的可支配收入，从而影响消费支出及总支出。但与税收不同的是政府转移支付的变化是与总支出同方向变化的，这两个变量之间有一定的倍数关系，但倍数小于政府购买乘数。

七、阅读材料

1. 储蓄率高一方面意味着市场上可借贷资本充足，有利于投资；另一方面意味着消费占收入的比率低，不利于拉动经济增长。

2. 主要有使收入分配差距缩小，建立和完善社会保障体系、建立更有效的消费信贷体系等。

第十一章　总需求与宏观经济政策

一、名词解释

1. 利率效应

在宏观经济学中，将价格水平变动引起利率同方向变动，进而使投资和产出水平反方向变动的情况，称为利率效应。

2. 实际余额效应

价格水平上升，使人们所持有的货币及其他以货币固定价值的资产的实际价值降低，人们的实际收入降低，于是人们的消费水平就相应地减少，这种效应称为实际余额效应。

3. 货币幻觉

市场价格上涨时，人们不是对实际价值做出反应，而是对用货币表示的价值做出反应的现象。

4. 流动性陷阱

当一定时期的利率水平降低到不能再低时，人们就会产生利率上升而债券价格下降的预期，货币需求弹性就会变得无限大，即无论增加多少货币，都会被人们储存起来。发生流动性陷阱时，再宽松的货币政策也无法改变市场利率，使得货币政策失效。

5. 相机抉择

政府在宏观经济管理时，根据经济状况和各项政策的特点，主动地运用货币政策和财政政策干预经济，保持经济在物价稳定的充分就业点上平稳运行。一般是衰退时采用扩张性政策，通货膨胀时采用紧缩性政策。

6. 法定准备金和法定准备率

法定准备金是指金融机构为保证客户提取存款和资金清算需要而准备的在中央银行的存款。中央银行要求的存款准备金占其存款总额的比例就是法定准备率。

7. 公开市场业务

指中央银行在资金市场买卖各种政府债券，控制货币供应量的活动。

8. 再贴现和再贴现率

私人银行以具有清偿能力的商业票据为抵押向中央银行借款，称为再贴现。中央银行扣除的利息与要求贴现的票据面值之比，称为再贴现率。再贴现率实际上也就是中央银行向私人金融机构放款的利率。

9. 政府购买

政府对商品和劳务的购买，是一种实质性支出，有着商品和劳务的实际交易，因而直接形成社会需求和购买力，是国民收入的一个组成部分。

10. 政府转移支付

政府转移支付是指政府在社会福利保险、贫困救济和补助等方面的支出，是一种货币性支出，政府在付出这些货币时并无相应的商品和劳务的交换发生，因而是一种不以取得本年生产出来的商品和劳务作为报酬的支出。它所做的仅仅是通过政府将收入在不同社会成员之间进行转移和重新分配，全社会的总收入并没有变动。

11. 挤出效应

由于政府支出增加而引起私人消费或投资支出减少，相当于以政府的公共支出代替私人支出，从而总需求仍然不变。这样，扩张性财政政策刺激经济的作用就被削弱。

12. 自动稳定器

自动稳定器也叫内在稳定器，指经济系统本身存在的一种会减少各种干扰对国民收入冲击的机制，能够在繁荣时期自动抑制通胀，在衰退时期自动减轻萧条。

二、单项选择题

1. A	2. D	3. A	4. C	5. C
6. B	7. C	8. C	9. B	10. B
11. D	12. D	13. D	14. B	15. C

三、多项选择题

1. ABCD   2. AB   3. ABC   4. ABD   5. ABC

四、简答题

1. 在一个特定的价格水平下，任何引起总支出变动的因素都将导致总需求曲线的移动。总支出增加，总需求曲线向右移动；总支出减少，总需求曲线向左移动。具体地说，引起总需求变动的主要因素是消费需求、投资需求、政府需求和国外需求。

（1）消费者的需求增加，使总需求曲线向右移动；反之，需求减少，总需求曲线向左移动。

（2）投资增加将导致总支出增加，从而使得总需求曲线向右移动；反之，总需求曲线向左移动。

（3）政府购买增加和国外需求增加，总需求曲线向右移动；政府购买减少和国外需求减少，总需求曲线向左移动。

2. （1）变动法定准备率。经济衰退时，降低法定准备率，增加货币供给量，从而达到降低利率，刺激总需求增加收入的作用；通货膨胀时，提高法定准备率，减少货币供给量，抑制总需求。

（2）再贴现率政策。经济衰退时期，央行可以降低再贴现率，鼓励商业银行扩大贷款刺激投资需求，从而增加总需求；通货膨胀时，提高再贴现率，控制商业银行的贷款，抑制投资需求，从而抑制过热的经济。

（3）公开市场业务。经济萧条时，央行买进政府债券，增加货币供给量，刺激总需求的增加；反之，通货膨胀时，央行卖出政府债券，减少货币供给量，抑制总需求。

五、论述题

西方经济学认为，为确保经济稳定，政府要审时度势，根据对经济形势的判断，逆对经济风向行事，主动采取一些措施稳定总需求水平。在经济萧条时候采取扩张性财政政策，降低税率、增加政府转移支付、扩大政府支出，目的是刺激总需求以降低失业率；在经济过热时采取紧缩性财政政策，提高税率、减少政府转移支付、降低政府支出，以抑制总需求的增加，进而遏止通货膨胀。这就是斟酌使用的财政政策。

同理，斟酌使用的货币政策也要逆对经济风向行事。当总支出不足时失业持续增加，中央银行要实行扩张性货币政策，即提高货币供应量，降低利率，从而刺激总需求，以缓解衰退和失业问题；在总支出过多，价格水平持续上涨时，中央银行应采取紧缩性货币政策，即削减货币供应量，提高利率，降低总需求水平，以解决通货膨胀问题。

六、阅读材料

1. 积极的财政货币政策。

2. 一方面加强了对金融系统风险的控制，另一方面用积极的货币政策缓解融资困难。

3. 略。

第十二章　总供给与经济增长

一、名词解释

1. 总供给

总供给指经济社会所提供的总产量（或国民收入），即经济社会的就业的基本资源所生产的产量。

2. 长期

在经济学中，长期是指资本存量、人口、生产技术以及一切生产要素都可以改变的情况。

3. 短期

在经济学中，短期是指除了可变生产要素以外，其他的因素，包括资本存量、人口、生产技术等均保持不变。

4. 工资价格"刚性"

在凯恩斯的理论中，假设货币工资和价格均有"刚性"，即二者完全不能进行调整。

5. 经济增长

经济增长被定义为产量的增长：①经济增长是指一个经济所生产的物质产品和劳务在一个相当长时期内的持续增长，即实际总产出的持续增长；②经济增长是按人口平价计算的实际产出，即人均实际产出的持续增长。

6. 经济发展

经济发展可以看作是比较复杂的"质"上的概念，经济发展不仅包括经济增长，还包括国民生活质量、生态环境以及整个社会经济结构和制度结构的总体进步。经济发展是反映一个经济社会总体发展水平的综合性概念。

7. 稳定状态

稳定状态是一种经济的长期均衡状态。在稳定状态时，人均资本达到均衡值并维持在均衡值不变。一个处于稳定状态的经济是停滞的，而且任何不处于稳定状态的经济将发生变动，即无论经济开始时的资本水平如何，总是以稳定状态的资本水平为结束。

二、单项选择题

| 1. B | 2. A | 3. D | 4. C | 5. B |
| 6. C | 7. B | 8. A | 9. D | 10. A |

三、多项选择题

| 1. CD | 2. ABCD | 3. ABCD | 4. BCD | 5. ABD |

四、简答题

1.（1）在短期内，总供给曲线最初随着价格总水平提高而平缓上升，当价格总水平上升到一定程度之后，总供给曲线在潜在产出水平附近接近于一条垂直的直线。短期总供给曲线呈现此种形状的原因是短期生产要素价格不变造成的。由于在短期内工资等要素价格保持不变，价格总水平提高引起厂商供给量的增加，从而使得经济中商品和劳务的总额增加。当经济存在大量超额生产能力时，价格提高使得产量以较大幅度增加，但当经济接近于生产能力时，受生产能力的限制，价格提高，产量增加幅度很小。因而随着价格总水平的提高，总供给曲线呈现先缓慢上升，后逐渐陡峭而至垂直的特点。

（2）长期总供给曲线是一条垂直的直线。这是因为，在长期中，随着价格总水平的变动，工资以及其他生产要素的价格必然会相应地进行调整。如果价格总水平与工资按相同的比率发生变动，那么厂商出售产品的价格和生产产品的成本相对没有发生变动，从而厂商就不会改变其生产数量，生产过程中投入的劳动数量也就不会发生变动。因此，长期供给曲线是一条垂直的直线。长期总供给曲线说明，在长期中，经济稳定在潜在的产出水平上，此时，价格变动对总供给量不会产生影响。

2. 在一个特定的价格水平上，生产能力的提高或降低都会导致厂商愿意供给的某种产品数量的变化，从而引起总供给曲线发生移动。导致总供给曲线移动的因素主要有以下几个方面：

（1）自然的和人为的灾祸。例如，地震或战争会极大地减少经济的总供给，使得总供给曲线向左上方移动。

（2）技术变动。引起总供给曲线移动的一个重要原因是技术的变化。技术变动通常是正向，即技术水平倾向于提高，所以技术变动的影响一般使得总供给曲线向右移动。

（3）工资率等要素价格的变动。当工资下降时，对于任一给定的价格总水平，厂商愿意供给更多的产品，因而降低工资将使总供给曲线向右下方移动；反之，工资上升，总供给曲线向左上方移动。

此外，进口商品价格的变化也会引起总供给曲线的移动。如果厂商以进口商品作为原料，那么进口商品的价格变化时，厂商的成本就会发生变动，从而愿意生产的数量也会变动。

五、论述题

从经济增长的源泉我们可以知道，政府可以影响经济增长的决定因素在于：促进资本的形成，刺激劳动力的投入以及提高技术水平以提高生产率。

（1）促进资本形成的政策：投资的增长会提高经济增长的速度，但投资额十分巨大，靠这种巨额投资来带动经济增长是难以持久的。如果国家为了促进投资采用扩张的货币政策与财政政策，长期下去会造成通货膨胀，导致经济增长的不稳定。

（2）刺激劳动力的投入的政策：尽管劳动力可以长期增加，但人口增长率高意味着人均收入增长率的下降。在短期内，就业人数会增加，但伴随着较高的收入水平，收入效应又会使工作动力下降。因而，应从提高工人素质的角度考虑。

（3）提高生产率水平的政策：主要是依靠技术进步。政府提高生产率的政策重点应该放在增加实物资本的投资、增加研究和发展经费来鼓励技术的发展上。

所以，刺激劳动力投入的政策在长期中对经济增长没有效果，人口控制政策只能提高人均产出的增长，大多数国家也不会追求人口增长来带动经济增长；货币政策与财政政策在长期过程中有其缺陷乃至失效。唯有教育与科研政策能使先进的技术知识与高素质的劳动者结合起来形成先进的生产力促进经济的稳定增长。

六、阅读材料

1. 经济增长是社会发展的一个方面，也是基本前提。
2. 平衡、持久、稳定的增长。
3. 略。

第十三章　失业和通货膨胀

一、名词解释

1. 失业

具有工作能力，愿意工作并积极寻找工作而未能找到工作的劳动年龄人口。

2. 周期性失业

在短期中，由于总需求不足而导致的失业。此类失业是可以通过政策刺激来减少的。

3. 充分就业

在现有工作条件和工资水平下，所有愿意工作的劳动年龄人口均参加了工作的状态。

4. 摩擦性失业

劳动者在正常流动过程中所产生的失业。

5. 通货膨胀

一般物价水平的普遍而持续上涨。

6. 菲利普斯曲线

由英国经济学家菲利普斯提出的经济模型，说明了在短期失业率和通货膨胀率之间存在替代关系。

二、单项选择题

1. B	2. C	3. C	4. D	5. B
6. D	7. A	8. A	9. C	10. C
11. B	12. A	13. B	14. B	15. A
16. C	17. B	18. D	19. B	20. B

三、多项选择题

1. AB	2. ABC	3. ABC	4. ABC	5. AB
6. ABCD	7. ABC	8. AC	9. ABC	10. CD

四、计算题

1. 2005 年：（111.5−107.9）÷107.9×100% = 3.34%

　2006 年：（114.5−111.5）÷111.5×100% = 2.69%

2. 100÷（100+900）×100% = 10%

五、简答题

1.（1）需求拉上型通货膨胀：当资源被充分利用或达到充分就业时，总需求继续上升，这时，过度需求必然会导致通货膨胀。

（2）成本推动型通货膨胀：由于工资、利润等增长而推动价格上涨，引起的通货膨胀，一般包括"工资推进的通货膨胀"和"利润推进的通货膨胀"。

（3）混合型通货膨胀：需求拉动与成本推动相互作用下的通货膨胀。

（4）结构型通货膨胀：由于收入结构与经济结构的不适应和错位引起的通货膨胀。

2.（1）摩擦性失业：劳动者在正常流动过程中所产生的失业，这是因为劳动力供给与劳动力需求在职业、技能、地区分布等方面的差异。

（2）结构性失业：经济结构变化导致劳动力供给结构不适应劳动力需求结构。

（3）临时和季节性失业：由于行业特殊性或部门特点或工作存在季节性而导致的失业。

3. 在短期，菲利普斯曲线表现为一条向右下方倾斜的曲线，意味着在短期，失业率和通货膨胀率之间存在着交替关系。通货膨胀率越高，失业率越低，反之亦然。这是因为通货膨胀率的上升是伴随着经济过热产生的，经济中消费和投资都很旺盛，这样会带来更多的就业机会，从而减少失业率。如图1所示：

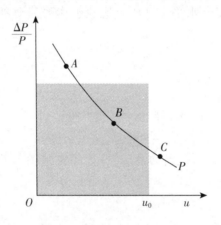

图 1　菲利普斯曲线（1）

在长期，菲利普斯曲线表现为一条垂直于横轴的直线，这意味着在长期无论通货膨胀率怎样变化，失业率也在一个固定的水平上。所以，在长期并不能通过扩张性的宏观正常来减少失业率。这是因为在长期，工人预期通货膨胀率会上升，所以会要求提高名义工资，以保持实际工资不变。所以，通货膨胀就不会起到减少失业的作用。如图2所示：

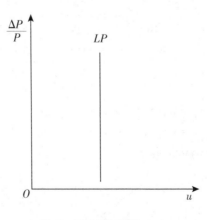

图 2　菲利普斯曲线（2）

六、案例分析题

1. 本轮物价上涨的客观原因是由猪肉价格上涨引发的商品供求失衡。供给小于供给，所以商品价格会上升。

2. 通货膨胀本质上是由于货币供给量大于货币需求量，即过多的货币追逐过少的商品。

3. 收缩银根，减少流通中货币量。

4. 待售商品总量，价格水平，货币的流通速度（次数）。

七、阅读材料

1. 地区经济发展不平衡。

2. 我国的经济增长建立在高投入、高消耗的基础上，未能进入成熟的发展阶段，因此不能有效吸收劳动力。

3. 直接影响经济的进一步增长；严重的可能导致社会矛盾突出，影响家庭合谐和社会稳定。

4. 着重发展经济落后地区的经济，有针对性地培训劳动者，使他们具备更适应经济发展要求的技能等。

第十四章　开放经济

一、名词解释

1. 绝对优势分工理论

亚当·斯密认为在国际分工中，每个国家应该专门生产自己具有绝对优势的产品，并用其中一部分交换其具有绝对劣势的产品，这样就会使各国的资源得到最有效率的利用，更好地促进分工和交换，使每个国家都获得最大利益。

2. 比较优势分工理论

李嘉图认为国际贸易分工的基础不限于绝对成本差异，即使一国在所有产品的生产中劳动生产率都处于全面优势或全面劣势的地位，只要有利或不利的程度有所不同，该国就可以通过生产劳动生产率差异较小的产品参加国际贸易，从而获得比较利益。

3. 要素禀赋论

国家之间进行贸易的根本原因在于商品的价格差异，各国应该集中生产并出口那些充分利用本国充裕要素的产品，以换取那些密集使用其稀缺要素的产品。

4. 列昂惕夫之谜

20世纪50年代初，美籍苏联经济学家列昂惕夫根据 H-O 理论，用美国1947年200个行业的统计数据对其进出口贸易结构进行验证时，结果却得出了与 H-O 理论完全相反的结论——美国大量进口资本、技术密集型产品，出口的是劳动密集型产品。这一结果被称为列昂惕夫之谜，也叫作列昂惕夫悖论。

5. 关税

关税（Tariff）是政府对进口物品或劳务征收的税收。

6. 非关税壁垒

非关税壁垒（Nontariff Barrier）是除了关税以外，限制国际贸易的任何一种行为，典型的例子是配额和自愿出口限额。

配额（Quota）是对某种物品的进口数量的限制，它规定某一时期内可以进口的这种物品的最大数量。

自愿出口限额（Voluntary Export Restraint，VER）是两国政府之间的协定，根据这个协定出口国自愿限制自己的出口数量。

7. 国际金融

国际金融（International Finance）是指国家和地区之间由于经济、政治、文化等联系而产生的货币资金的周转和运动。

8. 国际收支

国际收支即一国和其他国家之间的商品、债务和收益的交易以及债权债务的变化。

9. 汇率

外汇一般指充当国际支付手段、国际流通手段和购买手段的外国货币以及外币支付凭证。

10. 购买力平价

根据购买力平价理论，一定数量的通货应该在所有国家买到等量的物品。

二、单项选择题。

1. A   2. B   3. A   4. C   5. B
6. A   7. A   8. D   9. D   10. C

三、多项选择题

1. ABCD   2. ABD   3. AB   4. ABD   5. ABC

四、简答题和计算题

1. 以贬值为例，汇率变动对国际贸易的影响表现在：

（1）货币对外贬值，意味着外汇汇率的提高，即以外币表示的出口商品价格降低了。价格降低，有利于在国际市场的竞争中获利，进而有利于扩大出口。

（2）货币对外贬值，外汇汇率上涨，也表示以本币表示的进口商品价格提高了，起着抑制进口的作用。

但货币贬值能否产生预期效应，还取决于其他因素，比如国内物价上涨小于纸币贬值程度或外汇汇率上涨程度，同时其他国家并没有或还没有采取相应的报复措施。

2. （1）1 英镑 = 1.5 美元 = 1.5×7 元 = 10.5 元。

（2）存在，人们可以通过在市场上花 10 元购买 1 英镑，然后换成美元，再换成人民币，就可以变为 10.5 元。

133

五、案例分析

1. 经济萧条从来就是贸易保护主义滋生的温床，而全面的保护主义贸易战必将推动全世界堕入贸易保护与贸易萎缩相互促进的恶性循环。在当今世界，全球经济是紧密相关的。例如，美国需要中国的廉价商品，需要中国购买美国国债。如果美国限制中国的出口能力，那么也就同时削弱了中国购买美国货的能力。

贸易保护的第二个负面影响是削减了各国能够从国际分工和贸易中获得的产出和消费增长的好处，并且对于增加就业没有什么好处。从国际贸易的角度来说，"购买美国货"会促使美国贸易伙伴排斥美国产品，将使刺激计划创造就业的努力化为泡影。

2. 在态度上，所有国家都高举反对贸易保护的旗帜，因此贸易保护的形式已经由旧的关税手段变成了非关税壁垒，这种情况下，中国应首先增强自己的实力，让出口产品的质量有更多保证，符合国际标准。其次我们可以联合一切可以联合的力量来共同保护自己的利益，充分运用世贸组织等国际经济组织赋予我们的权利保护自己。

综合练习一

一、单项选择题

1. D	2. A	3. C	4. A	5. A
6. B	7. D	8. B	9. C	10. B
11. A	12. A	13. B	14. C	15. B

二、多项选择题

1. BCD　　2. BCD　　3. ABCD　　4. ABC　　5. ABCD

三、简答题

1. 总需求（aggregate demand，AD）是指一定时期经济社会对产品和劳务的需求总量，它是一个物量指标。总支出 AE 是指最终产品市场上所有用于产品和劳务的购买支出总额，是用货币表现的总需求。

总需求 AD 与总支出 AE 有区别，AD 是用实物量来表示的，而 AE 是用货币衡量的。

2. "谷贱伤农"和"丰收悖论"意思是说在丰收的年份，农民收入反而更低，结果伤害了种植粮食的积极性。这一现象可以运用经济学的供求理论和弹性加以分析。

农民出售农产品的收入取决于价格和销量两个因素，并且价格和销量存在负相关关系，即价格越高，销量越低；反过来，价格越低，销量越高。因此在丰收年份，粮食产量高，自由市场上交易价格就低。同时由于粮食需求价格弹性小，因此价格下降比产量增加的幅度更大一些，从而导致丰收年份农民的收入反而减少。

政府实行支持价格是指规定粮食收购价格的下限，并且这个下限高于市场均衡价格，通过这样的政策来保障农民的收入。

在高于均衡价格的支持价格下，必然出现产品供大于求的结局：过剩缺口为 (Q_2-Q_1)，为了维持支持价格，政府必须把这部分过剩产品买下来。

支持价格也可能导致不理想的后果：由于大多数国家都实行农产品支持价格，所以在全球范围内农产品普遍过剩，为了解决本国的过剩产品，可能引发贸易战；另一方面，长期实行农产品支持价格对于国家财政也可能是一个巨大的负担。

3. 垄断企业的均衡条件与完全竞争市场的均衡不同，根据 $P = MR > MC$ 制定价格。同时由于垄断企业同时控制市场价格和产量，因此不存在供给曲线。

4. 市场失灵是指仅仅依靠市场自发的作用是不能实现最佳经济效率（帕累托最优或帕累托效率）的情形。

原因主要有四个：①市场势力导致不完全竞争的市场结构；②信息不对称；③外部性的存在；④公共物品的提供问题。

四、计算题

1.（1）根据题意，如果下一年居民实际收入增加10%，需求收入弹性为3，则销售额将增加 3×10%×80＝24（万元），从 80 万元增加到 104 万元。

如果提价 5%，则销售额将减少 1.2×5%×80＝4.8（万元），从 80 万减少为 75.2 万元。两者的共同影响，将使下一年销售额从 80 万元增加到 99.2 万元，增加 24%。

（2）如果公司希望销售额只增加 5%，即从 80 万元增加到 80×（1+5%）＝84（万元）。由于居民实际收入增加，已使销售额增加到 104 万元，必须通过提价将销售减少 20 万元，即减少 25%。

已知需求价格弹性 1.2，要使销售额减少 25%，则必须提价 20.83%。

2. 已知边际成本 $MC=15Q^2+8Q+8$，那么总成本 $TC=5Q^3+4Q^2+8Q+Q_0$

当 $Q=4$ 时，$TC=5×4^3+4×4^2+8×4+Q_0=416+Q_0=800$，得到 $Q_0=384$。

因此 $TC=5Q^3+4Q^2+8Q+384$

平均成本 $AC=\dfrac{TC}{Q}=5Q^2+4Q+8+\dfrac{384}{Q}$

可变成本 $VC=5Q^3+4Q^2+8Q$

平均可变成本 $AVC=\dfrac{VC}{Q}=5Q^2+4Q+8$

五、分析讨论题

失业是指某个年龄以上，在考察期内没有工作，但有工作能力，并且正在寻找工作的人。失业有很多种类，根据主观愿意就业与否，即自愿失业与非自愿失业。非自愿失业又可以分成这样几种类型，可以分为摩擦性失业、结构性失业和周期性失业。

摩擦性失业是指生产过程中难以避免的、由于转换职业等原因而造成的短期、局部失业。这种失业的性质是过渡性的或短期性的。它通常起源于劳动的供给一方，因此被看作是一种求职性失业，即一方面存在职位空缺，另一方面存在着与此数量对应的寻找工作的失业者，这是因为劳动力市场信息的不完备，厂商找到所需雇员和失业者找到合适工作都需要花费一定的时间。摩擦性失业在任何时期都存在，解决办法主要在于完善就业市场，加强信息流动。

结构性失业是指劳动力的供给和需求不匹配所造成的失业，其特点是既有失业，也有职位空缺，失业者或者没有合适的技能，或者居住地点不当，因此无法填补现有的职位空缺。结构性失业在性质上是长期的，而且通常起源于劳动力的需求方。结构性失业是由经济变化导致的，这些经济变化引起特定市场和区域中的特定类型劳动力的需求相对低于其供给。针对这种现象就要改革我国大学教育和职业教育的模式，使之更加适应市场的需要。

周期性失业是指经济周期中的衰退或萧条时，因社会总需求下降而造成的失业。当经济发展处于一个周期中的衰退期时，社会总需求不足，因而厂商的生产规模也缩小，从而导致较为普遍的失业现象。周期性失业对于不同行业的影响是不同的，一般来说，需求的收入弹性越大的行业，周期性失业的影响越严重。也就是说，人们收入下降，产品需求大幅度下降的行业，周期性失业情况比较严重。目前全球金融危机影响到实体经济，也严重影响到我国中小企业，尤其是出口导向的企业，因而导致大量失业。这种状况主要依赖于需求问题的解决。

综合练习二

一、单项选择题

1. D   2. B   3. D   4. B   5. B

6. D   7. C   8. C   9. B   10. A

二、判断题

1. √   2. ×   3. ×   4. √   5. √

6. ×   7. √   8. ×   9. √   10. ×

三、简答题

1. 政策时滞；利益集团的阻挠；预期的影响；挤出效应。

2. 凯恩斯认为，货币的供给和需求决定利率水平，而投资又是利率的函数，因此，货币的供给通过利率，间接的影响总支出和实际产出。

凯恩斯从人们持有货币的动机对货币需求进行分析：货币的交易需求、谨慎需求和投机性需求。货币需求是与收入变动成正比相关的交易性需求和利率成负相关的投机需求的总和。当利率低至一定水平，货币需求趋于无穷大，货币需求曲线成为水平直线，这就是所谓"流动性陷阱"。在既定的利率条件下，收入变动将引起货币需求线的移动，随收入增加，货币需求曲线将平行向右上方移动。

3.（1）无差异曲线各点切线的斜率均为负数。

（2）任何两条无差异曲线不可能相交。

（3）平面上任一点必有一条唯一的无差异曲线通过。

（4）离原点越远的无差异曲线所代表的效用水平越高。

（5）无差异曲线凸向原点。

4. 边际报酬递减规律是指在生产技术和其他要素的数量保持不变的条件下，如果等额地连续增加一种变动要素，产出的增加额一开始可能会上升，但超过一定点后，等量增加该种变动要素带来的产出增加额就会下降，甚至变为负数。边际产量这种从递增必然趋向递减的规律就是边际报酬递减规律。

需要注意的是，边际报酬递减规律是以生产技术严格不变为假定的，它不能预测在技术进步条件下增加单位产出变动要素会使产量发生什么样的变化。

边际报酬递减的原因：在固定投入得到充分利用后，继续扩大可变投入量，单位变动要素只能利用越来越少的固定要素。固定要素的不变和变动要素的过多，使得资源配置比例越来越不合理，可变要素不能得到有效运用，于是生产效率降低。这样，投入增量所带来的产出增量或边际产量将随变动投入量增加而先递增，达到一定点后递减，甚至成为负值。

四、计算题

1. 根据已知需求函数 $P=100-0.5Q$，可以推导得出 $Q=200-2P$，需求价格弹性公式为：

$$E_d = \frac{\mathrm{d}Q}{\mathrm{d}P} \times \frac{P}{Q} = -2 \times \frac{P}{200-2P} = \frac{P}{P-100}$$

（1）$P=60$ 时，需求的价格弹性 $E_d=-1.5$

（2）$P=40$ 时，需求的价格弹性 $E_d=-\dfrac{2}{3}$

2. 根据已知条件 $Q=K^{\frac{1}{3}}L^{\frac{2}{3}}$，要素的边际产量为：

$$MP_L = \frac{\partial Q}{\partial L} = \frac{2}{3}K^{\frac{1}{3}}L^{-\frac{1}{3}}, \quad MP_K = \frac{\partial Q}{\partial K} = \frac{1}{3}K^{-\frac{2}{3}}L^{\frac{2}{3}}$$

（1）成本既定时实现最大产量的条件为：$\dfrac{MP_L}{MP_K} = \dfrac{P_L}{P_K}$，即

$$\frac{MP_L}{MP_K} = \frac{2K}{L} = \frac{P_L}{P_K} = 2, \quad K=L$$

同时成本 $C = L \cdot P_L + K \cdot P_K = 2L+K = 3\,000$，

解得 $L=1\,000$，$K=1\,000$，

此时的产量水平为 $Q=1\,000$。

（2）产量既定时成本最小的均衡条件同上，有 $L=K$，代入已知条件 $Q=800$，

解得 $L=K=800$，此时的成本 $C=2 \times 800 + 800 = 2\,400$。

五、分析讨论题

答案要点：

（1）四种市场的划分特征、产品差异、厂商数目、进出难易度、对价格控制程度、售卖方式等方面；

（2）各个市场的效率分析。价格、产量、消费者、生产者的剩余分析以及整个社会效率分析。